红色记忆® 1

初识新四军

海南省文化交流促进会　编

南海出版公司

2010·海口

对历史无知的人，没有真正的信仰可言；没有信仰的人，不可能拥有美好的理想，不可能胸怀崇高的情感，也就不可能担负起任何责任。用欲望文化代替历史教育，足以使一个国家的青年被腐蚀、使一个民族的希望被毁掉，使这个国家和民族被永世万代地奴役！

鉴于此，我们呼唤历史，唤回那段属于二十世纪的“红色”历史，唤回那段炮火硝烟、颠沛流离的历史，唤回那冲天的狼烟留下的悲壮回忆、岁月年轮沉淀的斑驳痕迹。历史不应该被忽略，更不应该被遗忘，牢记那段革命战争年代的红色历史更是责任。为了那些不应该被忘却的记忆，为了那些不应该被丢弃的信念，于是就有了这套《红色记忆》丛书。

曾记否，当草鞋与意志丈量出来的两万五千里穿越一个伟大民族五千年的荣辱兴衰，革命的火种被一路播撒、一路点燃。人迹罕至的雪山、荒无人烟的草地被鲜血浸透，衬映出一段光辉的里程；万水千山早已被远远地抛在身后，一轮红日在黄土高原磅礴而起。满目疮痍的河山在 1936 年 10 月温暖如春……

曾记否，当生命和鲜血浸染的十几年光阴将一种记忆铭刻进一个伟大民族的历史画卷，革命的火焰从星火到燎原。这栏杆拍遍、易水悲歌般的呼号，这折戟沉沙、慷慨赴义的悲壮，这铁马冰河、枕戈待旦的苦战，这红旗漫卷、所向披靡的豪迈……腔腔热血、铮铮铁骨早已被熔铸成一座不朽的丰碑，中华民族从苦难中百死后生的壮丽诗史凝结成了五星闪耀的红色记忆。

曾记否，中华人民共和国成立以来，又有无数英烈接过前辈用鲜血染红的旗帜，或壮怀激烈戍边卫国，或忠于职守鞠躬尽瘁，或绝甘分少奉献大爱，甘做国家强盛、人民富裕的铺路石，成为和平年代民族复兴的荣光，把人民心中的红色记忆浸染得分外鲜艳，永不褪色。

这红色记忆，是信念不衰、志向不改的崇高气节；这红色记忆，是无私无我、生属苍生的博大胸怀；这红色记忆，是敢为人先、披荆斩棘的拓荒精神；这红色记忆，是中华民族最宝贵的精神财富。它告诫我们，人事有代谢，传承无绝期。缅怀先烈精神，继承先烈遗志，是社会的道德和民族的良心，是后来者须臾不可忘怀的本分。

老一代人把历史的真实交付给我们，我们有责任用真实还原历史，传承给下一代，把那段岁月与现在年轻人的生活连接到一起，使他们眼中的历史变得立体、真实、可靠，让历史成为他们前进的动力。本丛书将那些流动的、随时会飘散在时间天际的事件凝固下来，希望透过这些文字、图片，感受到英雄们那坚定的革命信念，感受到那个年代澎湃的革命激情，真切体会那段“红色历史”。

忘记历史，就意味着背叛。让我们重温历史，缅怀先烈，从中汲取力量，毅然前行。

刘栋

目录 CONTENT

目录

CONTENT

草地暴风雨之夜

文/胡兆才　图/张文源

红二方面军首次过草地，他们做了充分的准备：深入思想动员，学习党中央指示，讲明过草地的有利条件和困难，号召大家发扬团结友爱精神，克服困难，走出草地，北上与党中央及红一方面军会合；在物资方面，他们四处筹集粮食，准备衣服、草鞋、干柴、帐篷等。虽然做了充分的准备，他们在过草地的时候，还是遭到了大自然的袭击。茫茫大草地无边无际，到处是盛开的野花。可是，在美丽的草地下面是泥泞的沼泽地，时时处处暗藏杀机，只要你站立时间稍长一点，沼泽便会将你吸下去，无法脱身。而且，草地上气候变化无常，时而烈日当空，时而冰雹铺天盖地，时而暴风骤雨，时而大雪漫天，天地之间一片昏暗。更可怕的是常常狂风怒吼，人走在草地上犹如大海中的一叶小舟随风飘摇。

红二方面军进入草地的第三天，白天阳光灿烂，盛开的野花让指战员们觉得像是身在花丛中，他们饱览着美丽的草地景色，心旷神怡。可是，太阳刚下山，老天就变了脸，黑夜光顾时，天地一团漆黑，伸手不见五指。这时西北方向飘来团团乌云，刹那间乌云盖顶。指战员们还没来得及躲避，就狂风大作，暴雨倾盆。有的伤员久饿体弱，本来就走不动了，被突袭而来的暴风雨刮倒，就再也没有爬起来。身体好的也经不起如此恶劣的天气，一个个被暴发的山洪冲翻在地，随着山洪翻滚着，无法控制自己的身体。没被冲倒的同志想伸手去拉被冲倒的同志，却无能为力，怎么也抓不到。风在怒吼，雨在倾泻，转眼间茶杯口大的冰雹从天而降。老天足足发威了两个小时后，雨停了，风停了。贺龙通知各单位清点人数，寻找失散的战友。

这时，许多单位支起了小帐篷，升起一堆堆篝火，战士们一面取暖，一面呼唤着失散的战友。有的人将辣椒粉和生姜放在茶杯里，加上水在火中熬着，好让被抢救回来的同志们喝了驱寒。

一批一批的战士被找回，他们冻得上牙打着下牙，全身哆嗦；有的昏迷不醒，被战士们抬到火堆边，灌下姜汤，才渐渐苏醒过来。贺龙到处查看，边走边对各级领导说："再找找，再仔细找找，要尽力寻找，不许丢掉一个人，我们从湘西走到这里，快结束长征了，要让大家看到胜利的那一天。大家辛苦一点，多一个人就多一份革命的力量。"

刚苏醒的战士听到贺龙的声音，稍稍休息后，也硬撑着走出帐篷，加入寻找战友的行列。

六师机关清点人数时，有五个参谋和汤政委不见了，有人说汤政委是不是先走了？赖师长反对说，汤政委不会离开大家先走的，大家赶快去寻找。

指战员们立即分头去寻找，找了不少时间也没见汤政委踪影。当大家垂头丧气地回来时，赖师长发了火，他说："大家继续去找，活要见人，死要见尸，找不到他，你们也别回来。"

赖师长带着警卫员也加入了寻找的行列。大家边走边喊，嗓子喊哑了，也没有听到汤政委的回声。最后，有人在一个山包边找到了已经冻僵的汤政委。他的怀里抱着一个小战士。大家分析，他是为了救这个小同志，体力不支而晕倒的。大家七手八脚地将汤政委抬到了帐篷里，放在火堆边，灌下了辣椒和姜汤。过了好一会，汤政委终于醒了过来。

天亮了，各单位清点人数，饿死、冻死五百多人，失踪一千多人。很多人都是沉到沼泽地的泥浆里淹死的。

贺龙接到失踪、死亡人数统计表后，眼眶里涌出泪水，久久说不出一句话来。过了很久，他才自语道："青山处处埋忠骨。"

部队又上路了。刚迈开脚步，陈文年团长就跑来向贺龙报告，说有个马营长病危，临终前他想同贺龙说一句话。贺龙急匆匆地跟着陈团长赶到了那个营长面前，轻声地呼唤着马营长的名字。当听到贺龙的声音时，马营长用力睁开眼睛，用微弱的声音断断续续地说："贺总，我不行了。如果来世投胎，我还要当红军，做党的好儿子。但愿革命道路别再如此坎坷曲折。"马营长说罢，永远地闭上了眼睛。贺龙站在马营长身边，嘴角翕动着，半晌说不出话来。他脱下帽子，向马营长深深地鞠了三个躬。

终生难忘的艰苦岁月

文/孟　克

随着时光的流逝，红军二万五千里长征这个悲壮而传奇的故事，正以其无比深沉的内涵吸引着越来越多的人去追寻，去思考。虽然时光过去了七十多年，但当年的艰苦岁月至今仍然历历在目，令我终生难忘。

1932年，我十二岁。那年12月，我参加了工农红军，在红四方面军三十一师二一九团政治处任宣传员。每到一地，我们就宣传党的主张和政策，组织、教育与训练儿童团，提着石灰桶在路边、村庄显眼的墙上写标语、口号。半年后，我奉调至团卫生队学医做卫生员，两个月后调做司药。先是在师医院，1934年八九月份，随一个姓陈的医生到红四军军部做司药。我是跟随红四军参加长征的。说起长征的艰苦，现在的年轻人是根本无法想象的。

长征，顾名思义，就是不停地走路。一天最少要走五十到六十公里，一般要走七十到八十公里，最多时一天要走九十公里。一边走，一边还要随时与敌人作战，边打边走。走路的时间远远超过宿营的时间。因此，边走边打瞌睡是常有的事。特别是夜行军，天黑沉沉的，走着走着就不知不觉地打起了瞌睡。待到被战友唤醒，前面的部队早走了，于是就只能猛追。不少同志的脚肿得像发酵的馒头一样，脚板与脚趾上尽是水泡，但是不能休息，还得不停地走。记得是1935年初，我们进入西康藏区。这是个高山峻岭人烟稀少的地区。生活上，我们首先遇到的问题是没有盐吃，就用人工打石头，熬成硝盐水当盐吃。干粮吃完了，就沿途挖野菜充饥。记得有一种野菜叫茴茴菜，吃后很多人都脸发肿。

大约在1935年11月，我们来到夹金山。夹金山海拔四千多米，山顶终年积雪。没过夹金山之前，上级动员部队：第一，每个人准备一壶辣椒水；第二，在过雪山的时候不能停步，不能坐下来，因为山顶气温本来就低，红军衣衫单薄，有的同志身上就披一块羊皮御寒，加上连续行军打仗疲惫不堪，坐下来很可能就再也站不起来了；第三，在雪山行军，一定要一个紧跟一个，千万不可乱走，否则掉进雪坑里那就出不来了；第四，到山顶不能大声说话，因为山顶空气稀薄，声音振动会引起大风把积雪刮得漫天飞舞，致使部队迷失方向。我们在积雪没膝的雪山上艰难地一步一步地向前挪动，好不容易才走过了三百多米雪线。下山了，走在前面的部队因为实在太冷，就在山林里捡了些干柴烤火，暴冷暴热，很多红军战士由此脚皮红肿、溃烂。为此，上级命令后续部队下山后绝对不能烤火。

记得过草地前，上级让大家准备十天的干粮。说是十天的干粮，其实也就是一干粮袋青稞面。由于干粮实在太少，饿了，也不能随便吃。要等到部队行军休息时，由领导把大家带的干粮一把把分配好，给大家吃，只能吃一把，再把干粮袋系好背在身上。每人还得背上十斤干柴。

草地，是一望无际的沼泽地。你一定得沿着前头部队走过的弯弯曲曲的坚硬的地方，小心翼翼地走，千万不可贪图方便抄近路。因为草地上到处是一摊摊深不可测的淤泥，你一脚踩上去，身体就直往下沉，越挣扎沉得越快，淤泥一下子就会没过头顶。别的同志根本没法拉，也拉不住，弄不好还没救上同志自己也跟着一起被淤泥没了顶。我就亲眼见过战友与一匹驮着东西的战马陷入泥潭，只一会儿便被淤泥淹没，消失得无影无踪。

沼泽地的腐草烂了成千上万年，弥漫着一股毒气，双脚泡在那污水里，只感到一阵阵发痛。好不容易找到一块稍干的地方宿营，第二天清早起来后，发现有些原先很瘦的同志怎么一下子“胖”了起来，大家还笑他们。可是没多久就发现那些“胖”了的同志因为毒气侵入肌体已都牺牲了！此后，再发现“胖”了的同志，大家的心情都很沉重，再也笑不出来了。

干粮吃完了，连野菜也挖不到了，就只能杀部队带着的牛、马。一头牛或者一匹马杀了后，除了牲口的屎，其余全分给大家烧了吃。牛马肉每人一块；每人还分到一小块皮、一根骨头和一段肠子。牛马皮用火烧焦了吃，骨头砸碎了熬汤喝。到后来，能杀的牛马都吃光了，就把自己身上穿的牛皮草鞋和皮带烧焦了吃。

长征时，红军还有个收容队。我也当过收容队员。长征途中经常有红军战士倒下，他们躺倒在地，再也站不起来了。自己身体也已十分虚弱的收容队员根本没法背起他们，甚至也没法架着他们继续前进。实在没办法，就强忍着悲痛的心情，尽可能匀给他们一点干粮，好让他们的生命多支撑一会儿。可是，倒下的同志们不但不要我们递给他们的干粮，还把他们自己仅剩余下来的一丁点儿干粮交给我们收容队员说：“同志，我……我不行了，这一点儿干粮给你们，快走吧！”半个多世纪过去了，我已进入耄耋之年，想起当年的情景，心情仍然十分悲痛。

历尽千辛万苦，1936 年 10 月 22 日，红一方面军、红二方面军和红四方面军终于在甘肃会宁会合。记得三个方面军会合后，我找到一个理发的师傅给我理发。那个理发师傅一手拿着剃刀，一手摸着我的头十分吃惊地说：“看你瘦成什么样子了！你的头上除了头皮就是骨头，我都没法下刀了啊！”

经过十分艰苦的长征，我尽管瘦得脱了形，但我还是挺过来了。比起成千上万在长征途中倒下的同志，我算是幸运的。之后，我在革命队伍里从事无线电报务工作，历经十四年抗战，直到解放全中国。

永远难忘的青春岁月

文/蓝　瑛

20世纪30年代末到20世纪40年代末，中国人民在中国共产党的领导下经历了伟大的抗日战争和解放战争，以巨大牺牲的代价取得了伟大的胜利，永远结束了中华民族深受帝国主义侵略奴役的惨痛历史，也彻底摧毁了国内反动阶级的残暴统治，迎来了中华人民共和国的诞生。

我的青春岁月，是在这十多年的革命战争年代中度过的。抗日战争全面爆发的第二年，当时还是个十三岁少年的我，加入了中国共产党。此后，我在家乡奉化以及到"孤岛"上海，投入学生界、文化界的抗日救亡运动；1941年1月，从上海奔向共产党领导的苏南、苏中抗日游击区。抗战胜利后，又投入了中国人民反抗蒋介石发动内战的一场大决战。我永远难忘在革命战争年代所经历的十多年艰险困难而又光荣充实的青春岁月。

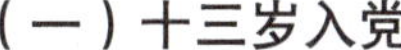

（一）十三岁入党

1925年8月，我出生于上海。1937年卢沟桥事变后，我避难到家乡奉化，受到当时全民抗日救亡热潮的激励，又在同村两位族叔（都是20世纪20年代的中共党员）革命思想启蒙之下，于1938年4月参加了中国共产党，时年十三岁（实际年龄才十二岁零七个月）。在偏僻的农村小屋里，我庄严地向党宣誓，要终生为崇高的共产主义事业而献身。但由于当时地下党所处的种种复杂环境，我曾有一段时间失去了和组织的联系，因此在奔向抗日游击区后又重新入党，直至几年后才恢复我1938年在奉化入党的经历。

我在十三岁入党，可以说是我所处的历史时代的反映。当年正是我们国家面临日本侵略的生死关头，全国同胞普遍陷于家破人亡、颠沛流离的灾难深渊。就是这样一种动荡岁月，促使广大青少年较早地担负起国家兴亡的责任，直接投身到抗日救亡的激流中去。当年对于入党这样一件决定自己一生命运的大事，我确实经过思想上反复而严肃的思考。战争年代入党，要随时准备遭遇各种风险以及各种可能的迫害。我自觉要求入党，可说是自己思想上的一种飞跃，是对人生道路的一种选择。回想起来，有以下几方面的思想基础。

第一，抗日救亡的爱国热情。1937年卢沟桥事变和淞沪会战是我一生大转折的开始。当时的历史背景是中国人民百年来受尽日本和其他帝国主义欺凌奴役，积压的深仇大恨，一下子爆发为巨大的怒潮。我记得当年的上海，大街小巷都是《义勇军进行曲》的雄壮歌声，电台的广播员嗓子完全哑了，还是大声地播送抗战新闻。记得我那时才从小学毕业，每天收听电台新闻一直到深夜，又连夜写成墙报，一大早张贴到大街上去。这种行动完全出于自觉的抗战激情。在我作为小学生的时期，给我印象最深的就是在电影里、书刊里看到的东北义勇军、十九路军和马占山、吉鸿昌、蔡廷锴等爱国将领的英勇事迹。我在学地理课时，也特别有兴趣绘制当年傅作义将军领导绥远抗战的作战地图。因此全面抗战爆发后，我到了偏僻的农村，全身心投入抗战的激流，参加了当地的文工队，担任小学里的“小先生”，又编写墙报，向农民宣传抗日道理；为战区受灾同胞募捐，自己曾步行几十里把募到的捐款送到县城，受到当年《奉化日报》的专门报道和赞扬。

第二，思考自己的人生价值。我生长在一个破产的资产阶级家庭，儿童时期，主要是接受了勤奋好学、振兴家业的思想，但同时也形成了一种对富家子弟骄横奢侈的厌恶心理；经过学习进步书刊之后，又逐渐形成对人生价值的一种新的观点，觉得个人的幸福不在于财富的积累，而对社会上贫富悬殊的现象也感到太不合理。在抗日战争爆发之后，有不少同学把求学深造、追求个人幸福作为人生的最高目标，而我和另外一批同学则认为处于国家民族的生死存亡关头，应该把自己的幸福和前途同整个国家和人民的命运结合起来，因此积极投身到抗日洪流中去。

第三，对于国民党和共产党的比较。我在小学时期，受国民党宣传教育的影响，对当时的“蒋委员长”抱有盲目崇拜心理，在“西安事变”时，曾为蒋介石获释回南京而放鞭炮庆贺。但随着年岁增长，开始较多接触社会现象之后，逐步认识了国民党官僚腐败和欺压人民的种种罪行。当时我的二哥曾被国民党“抓壮丁”从上海强押到江西，受尽种种苦难，后因身体不合格而被遣返。这种强拉“壮丁”、黑幕重重的现象在当年相当普遍。抗战爆发之后，报刊上又大量揭发国民党官僚大发“国难财”以及“国军”欺压人民的种种暴行。在此同时，我开始阅读一批介绍当年共产党主张团结抗战，停止内战，建立抗日民族统一战线的书籍，特别是当年美国记者斯诺所写的《西行漫记》一书，真实地记载了工农红军二万五千里长征以及革命圣地延安的种种激动人心的事迹，读后，在我的头脑里真正出现了一个全新的境界，引起我思想感情上的剧烈震动。在这期间，我的两位族叔给我讲了许多革命的道理，并以他们的亲身经历，向我介绍了一些共产党人在艰难岁月中为崇高理想而英勇献身的事迹。他们经历过20世纪20年代的农民运动，其中一位还参加过南昌起义，腿部还受过伤。当时，我又大量阅读了上海出版的《译报》《译报周刊》及其他进步文艺刊物。通过上述这些教育，使我认识到共产党和国民党这两个政党在根本性质上的区别，认识到只有共产党真正代表了劳苦大众的利益，并能领导全国人民取得抗日战争的胜利，因而决心成为这个党的一员，把自己一生奉献给党和人民的崇高事业。

（二）宣传抗日从学校走向社会

1938 年秋，我受党组织委派，进了县城奉化中学求学，主要任务是在学校师生中开展抗日救亡活动。这个学校早年也有地下党活动。如闻名全国的王任叔等，曾在该校任教。但在我进入该校之初，我是校内唯一的中共党员。半年后有位暨南大学的学生来校任教，由我们二人成立了党小组。党组织要求我们以多种方式广泛团结校内师生，宣传党的方针政策，我们也就依靠校内学生会等机构，开展了热烈的救亡活动。

抗战爆发不久，由于国民党政府的腐败，在上海沦陷之后，日军长驱直入，侵占我半壁江山，整个国家的命运岌岌可危。在当时的形势下，鼓舞广大人民坚定抗日斗争的意志，有特别重要的意义。我们在学校师生中宣传抗战形势，办墙报，办校刊，组织读书会，学习当时上海出版的进步书刊，特别是组织了几次大型的时事讨论会，在师生中影响很大。记得在 1938 年 10 月日军直逼武汉，国民党军队抵挡不住，全国人心惶惶，我们在校内进行了“保卫大武汉”的辩论会，按照当年党的方针，坚持持久战、游击战的思想，并介绍当年八路军、新四军向敌人后方挺进，在极端艰难条件下，开展敌后游击战的英勇事迹，当时在校内师生中起了极大的鼓舞作用。当时我还在校内组织过民族解放先锋队（这是在北京“一二·九”学生运动中由党领导建立的全国性青年组织），团结一些骨干分子成为校内活动的核心。

我们不仅在校内进行抗日宣传，同时也走向社会。除了和县城内的救亡组织、文化界和报社等经常进行联系外，还直接到农民中去开展活动。在寒假期间，我们组织部分同学，以流亡宣传队形式，在半个月时间内，穿着草鞋，冒着风雪，走上崎岖山路，到偏僻的深山小村，宣传抗日救亡的形势。每到一地，我们就在简陋的舞台上演出当年流行的抗战戏剧，以及各种音乐、舞蹈节目，还进行演讲、歌唱等街头宣传，以及粉刷墙上漫画、标语等，吸引了大批的观众。当年由我们学生组成的这样一支流动宣传队，活跃在崎岖的四明山区，在当地不少农村还是第一次。此后不久，又由我们学生会出面，利用校内的空闲教室，举办过一期文化补习班，吸收城区的几十名贫苦小学生来补习文化课程，同时也对他们进行抗战形势和爱国主义宣传教育，这一活动不仅得到学生家长的赞扬，也受到社会各界的好评。这些活动对我们本身的学习也大有好处，使我们学到了许多在课堂里和书本中所学不到的知识，也培育了我们对人民群众的感情。

（三）在政治斗争的风浪里

在奉化，抗战开始时有一位姓王的国民党的县长，对当时抗日救亡运动，采取了比较支持的态度。但过了不久，随着蒋介石的消极抗日、积极“反共”的真面目日益暴露，换来另一个县长，态度大变，将一大批抗日救亡活动中的核心人物，视为“赤化分子”予以歧视、打击、迫害。记得当时奉化城内发生过一次“救亡书店”事件，这家书店在奉化当地对传播抗战及各种进步思想的书刊起过重要作用，却被国民党当局勒令查封。当时，这股“反共”逆风也刮到了我所在的奉化中学。这里要提一提我和当年奉化国民党县党部一名姓汪的书记长的关系。在我进入奉中时，党组织曾交代我，要注意做好对一批国民党员的团结工作，并接触国民党领导层，争取他们支持开展抗日救亡活动。而那位姓汪的国民党书记长又恰好在我们学校担任公民课教师，他对我这个来自上海的学生，似乎表现出一种特别的“兴趣”。他在口头上也关心和赞同我们学生的抗日活动，并要我常去县党部和他见面。但过了一段时间，我就发现他对抗日活动的态度逐渐转变，一再向我提到要警惕一些人（指共产党员）的活动。实际上，在奉化这样偏僻的小城，许多抗日救亡团体领导着轰轰烈烈的抗日运动，都有共产党员在那里起着主要的作用。即使是名义上称为国民党领导的政工队，也由共产党员担负着主要领导责任。我熟识其中好些人，有位当年的政工大队长叫陈冠商的，就是中共党员。在20世纪80年代，他还在上海师范大学担任过外文系主任，20世纪90年代初病逝于美国。

1939年初，在我们校内又发生一起震动县城的事件，由我发起，组织五六位同学，打算自己租车去皖南投奔新四军。当时，我们一批同学从报刊上读到有关新四军挺进敌后的英勇战绩的报道，都深受鼓舞，又加上在奉城已经出现“反共”逆流，政治空气日益污浊，大家就有了投奔新四军，到敌后去打游击战的决心。但在出发前夕，我们的行动被一位同学家长发觉后，向学校告发，学校立即采取措施，在我们第二天清晨到车站集合出发时，将我们“扣押”回校。当时学校领导将我们的这一行为指责为未经家长同意的“鲁莽”行动。而国民党当局却把此事当作是“大逆不道”的政治事件，蓄意要追查事发的“幕后”指使人。他们倒并未注意我这个真正的“共党分子”（大概也由于我在年龄上还不够“资格”吧），而把怀疑的重点放在一位教师身上。因为这位教师曾在校刊上发表过有关辩证唯物主义的哲学文章，就被疑为“赤化分子”。实际上，他和共产党的身份是毫不相干的。当然，国民党当局也对校长施加压力，要对我们这批学生严加处分，当时校长还是爱护我们，给我记了两个大过、两个小过的处分，未将我开除出校也算给我“留有余地”了。至于那位姓汪的国民党书记长，在中华人民共和国成立以后，组织上为审查我的历史，曾在黑龙江一个农场找到了他，向他提起我这个当年的“学生”。他还记得起来，并说当年他曾准备发展我参加国民党，以后，逐渐发现了我的思想倾向并不符合他的“愿望”，也就放弃了他原来的那种念头。

1939年下半年，奉城的政治局势不断恶化，我的政治身份也有所暴露，这时，我在沪的父母要我回上海。经党组织同意，1939年秋，我离开奉化回沪。短短一年的奉中生活，是我入党初期的第一段革命经历，在我一生中是特别值得留恋的。

初识新四军

文 / 陈英福

我的故乡位于长江南岸的茅山脚下，交通很闭塞，过去从未见过拿枪的人。随着1937年11月12日上海失守、12月13日南京沦陷，我们村上也陆续出现了军人，最早是南京溃退下来的国民党军队，把我们小学校教室都占满了。他们对农民很粗暴，到农民菜园里随便拿菜，看到鸡就开枪打死烧了吃。有的主人出来阻拦，他们恶狠狠地吼道："全民抗战，有力出力，有钱出钱，老子吃你只鸡算什么！？"他们随地大小便，学校周围臭气熏天。农民们白天避开他们，一到晚上，家家关门闭户。

国民党军队南逃后不久，进村的是日军。他们枪上寒光闪闪的刺刀和狼一样的嚎叫，把孩子们吓得边哭边逃。他们杀人放火，强奸妇女，无恶不作，人民对他们恨之入骨。

先后进村的两支军队，都在农民的心里烙下了深刻的印记：军人就是魔鬼，军队就是灾星。

1938年6月的一个早晨，一开门，发现家家屋檐下睡着佩戴新四军臂章的军人。村民们一见拿枪的人又吓了一跳。但是，这些军人与以往不同。他们说话和气，举止文明。天亮后，他们拿起扫帚，把全村扫得干干净净，还用水桶给各家挑水。他们尊敬老人，爱护小孩，亲切地称我们"小朋友"。早饭后，官兵都赤脚下地助民劳动，村民对他们的恐惧感逐渐消失了。下午，部队坐在村西的树林里上政治课，全村的人几乎都好奇地围着旁听，大家第一次听到那么多新名词、大道理。第二天傍晚，这支队伍就要走了，整个小村又热闹起来。军人忙着送门板、捆稻草、还用具，又把各家水缸挑满、地扫净。最后，还有两位军人挨家访问："有没有损坏东西？""有没有借物未还？"大家感到无比亲切。

当晚霞映满天空时，队伍在打谷场集合了。嘹亮的歌声响彻云霄："革命军人个个要牢记，三大纪律八项注意……"在群众一片惜别声中，队伍开始了夜行军。一位后来被选为苏南人民代表的陈湘甫老先生高声赞道："文明之师啊！""有了这么好的军队，我们中国有希望啦！"

我从小参军，就因为受到了新四军爱民行动的强烈感召。

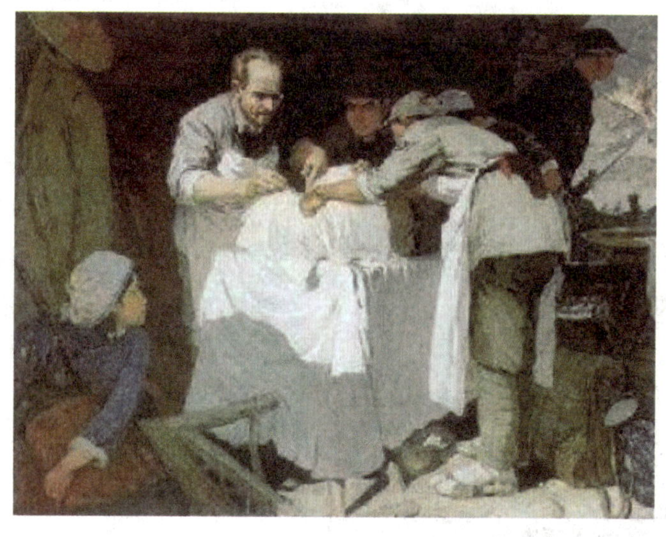

与白求恩共事的日子

文/龙 辉

我第一次见到白求恩同志是在1938年秋天。那时，我任三五九旅卫生部司药长，部队驻山西灵丘下石樊村。因为当时缺医少药，我也做一些医疗工作。当我们听说由诺尔曼·白求恩大夫率领的医疗队要来到我们卫生部指导工作时，非常高兴。为欢迎这位国际医疗专家，我们特意给他准备了鸡、肉和菜，也为他准备了休息的住所。记得那一天，白求恩同志从几十里路外的旅后方医院赶来，一到卫生部，就急忙问：“病房在哪里？病人伤员有多少？”同志们让他洗脸休息，他坚持不肯。他说：“你们不要把我当作客人，我不是来做客的，要做客我就不来中国了。”白求恩大夫当时身穿灰布罩衣，戴着一副金丝边框的眼镜，精力充沛，面色红润，一双炯炯发光的大眼睛，显得格外朴实亲切。他到卫生部后，既不休息，也不吃已摆在桌面上的饭菜，连续检查了几十名伤病员，并了解了许多情况。在场的同志无不为他这种对工作高度负责的精神所感动。

有一天，团政委彭庆云同志右手受伤，流血不止，处于昏迷状态，有生命危险。白求恩同志听了电话报告以后，因为翻译生病不能随从，他一个人骑马飞快地从十几里路以外赶到彭庆云同志身边，下马后，立刻进入病房，给彭庆云同志做了手术，拯救了彭庆云同志的生命。

在一次阻击战斗中，三五九旅七一七团政治委员左齐同志右臂挂彩，流血很多，卫生员用止血带给他扎臂止血后送往三五九旅卫生部。因路途较远，扎的止血带时间过久，左齐同志的右臂组织造成坏死，送到医疗队，经白求恩大夫检查之后，右臂需要截肢，白求恩同志怀着非常惋惜的心情为左齐同志做了截肢手术。手术后，白求恩同志立即向卫生部提出了批评意见，他严厉指出：医务人员应该对伤病员负有高度的责任感，左齐是因为扎止血带时间过久而造成截肢，这是很不应该的，要追查责任，吸取教训。当时在场的医务人员都对白求恩同志这种对伤病员高度负责的精神深为敬佩。

白求恩同志关心伤病员胜过关心自己。他每次给伤病员做手术，总是那样细致耐心，不知疲劳，一个大手术需要数小时，他总是全神贯注连续操作。在那段时间里，每次战斗都有不少伤员。为此，他只得不分昼夜连续做手术。同志们关心他的身体，劝他休息片刻，他总是微笑着坚持一丝不苟地继续做手术。每次手术后的第一次换药，他都要亲自动手，边为伤病员换药边嘘寒问暖。对重症伤病员，白求恩大夫则更加关心，并经常把自己吃的糖等省下来，送给伤病员吃，他自己与同志们一样吃土豆。凡是经过白求恩大夫治疗的伤病员，无不称赞他这种毫不利己、专门利人的精神，有的同志感动得直流泪。

白求恩同志是一位闲不住的人，他除了给伤病员医疗处置外，还经常给我们医务人员讲课。记得我第一次听他讲课时，他教导我们医务人员说："在战争艰苦年代，缺少医疗工具的情况下，作为一个外科医生，不能单会医疗技术，还要会当木工、铁工、缝纫工，要自己动手学会修理医疗器械，只有这样，才能胜任外科医生的工作需要。"他还说："医疗器械不都是外科医生在实践中发明的吗？"他自己就在医疗实践中不断地修理器械和改进器械，因为截肢手术时缺少骨锯，他因地制宜地用木锯来代替使用。凡此种种，克服了战争年代的种种困难，解决了许多问题。

1938 年冬季的一天，三五九旅卫生部接上级指示，去接应执行一次伏击任务的某部伤员。卫生部顾正均部长指定我负责带领部分医务人员、担架队、炊事供给队等人员去完成伤病员的转运工作。当晚，我们连夜出发，走到天亮，到达距离火线二十里的一个村庄。到目的地后，我们立即分工，作驻营准备工作，同时设立病房和手术室，计划伤员的分类和人员的安排。刚刚晌午，白求恩同志率领的医疗队也来了，随他一起来的还有晋察冀军区卫生部副部长游胜华同志和卫生部的王大夫、翻译以及三五九旅卫生部刘朋来同志等。白求恩同志一到就问我敌人都用哪些武器，估计我们有多少伤亡，如何安排，怎样分类、治疗、后送等等。我掏出日记本，把我们计划的初步方案，向白求恩同志作了详尽的汇报，白求恩同志不时地点点头表示同意，也不时摇摇头表示计划得还不够仔细周密。随后，他十分认真地为我修改计划，还特别提出要把胸外科的伤员专门分类管理，以防发生意外。白求恩同志还坚持和我一起去现场，检查准备情况。到现场后，他亲自动手打扫卫生，安设床位，忙个不停，我多次提出要他休息，他却一直不肯离去。

伤员一批一批地下来，数量很大。白求恩同志一直紧张地和几位中国医生一起检查伤情，又连续做了一天两夜的手术。为此，他的眼睛都熬红了，脸色憔悴，由于过分疲倦，行动也有些迟缓了，刘医生、王医生和其他同志都几次想接替他手术，让他下来休息，他坚持不肯下手术台。正在他忙碌之际，突然从火线上下来一名大出血的伤员急需要输O型血，当时血源比较困难，O型血更不好找，怎么办？白求恩大夫豪爽地说："我是O型，我可以输，快准备手术吧！"同志们都不同意输他的血，要另想办法，白求恩大夫急了，说："战士们为国家、民族打仗流血牺牲，我输点血怕什么，快救伤员要紧呀！"同志们拗不过他，从他的血管里抽出200毫升血液，输进了中国人民的优秀战士的身体里。输过血后，白求恩同志顾不上休息，又上了手术台为伤员做手术。

部队的伏击任务完成后立即奉命转移，为了防止日军袭击报复，上级命令我们医疗队立即后撤。其时，白求恩大夫仍聚精会神、兢兢业业地为伤员做手术，我多次催他尽快结束手术、将伤员转移或送后方医院手术，可他仍然坚持做手术。为此，上级派了一个营的兵力来掩护医疗队，白求恩同志则一直坚持把最后一个手术做完才撤走。部队转移以后，白求恩同志和我握手告别回晋察冀军区了。我和白求恩同志接触时间虽然不长，但他那救死扶伤的革命人道主义精神永远铭刻在我的心中，成为我一辈子干革命工作的精神支柱。

两次抬担架

文 / 王晓旭

当兵七十余年，在不同时期、不同地区，曾两次抬担架，至今难忘。

第一次抬担架是在 1939 年 4 月，地点是已被日军占领的苏鲁豫边区。

1938 年底，八路军苏鲁豫支队奉命开进这个地区开展游击战争，建立敌后抗日根据地。当部队进入江苏省最北部的丰县后，未及休整，即一举歼灭了汉奸王献臣部队四个团。我就是此时参的军。到部队后我才知道，这个部队的前身就是大革命时期有名的叶挺独立团。我有幸参加这支英雄部队，感到无上光荣。

参军第一天部队就和日军打了起来。当看到有的连队唱着抗战歌曲奔赴火线时，我感到既惊奇又钦佩。

当天黄昏时分，部队撤离战场向北转移。走了一夜，拂晓才在一个村庄住下。可是这天下午，远处传来枪声，敌人又上来了。黄昏时，部队开始转移。这时我所在的苏鲁豫支队一大队特务连指导员来我们新兵班讲话，说是百姓听到枪声都跑了，伤兵没人抬，要我们新兵抬担架。接着就把我们领到部队出发时的集合场地，要我和另一新兵抬一副担架。我当时才十六岁，还未把担架抬起来，就被担架上的大个子伤员给压倒了。连里看我年纪小实在抬不起这副担架，便又叫来两名新战士一个人抬一个角，总算把担架抬起来了。在行军路上，我把上身衣服全脱下来，垫在肩膀上，深一脚浅一脚地跟部队一起行进，抬了一个通宵，拂晓时到达宿营地。这时，我的两肩已肿得很高了。

一当兵就抬担架，我这个还未穿上军装的新战士一时还有点情绪。心想我虽初中未毕业，总还算个小知识分子，不会让我当杠子队吧（家乡人把抬担架的叫“杠子队”）。

第三天部队出发的时候，没有让我们新兵再抬担架。部队转移到一个远离敌据点的地方，在那里休整了一段时间。我也在此穿上了八路军的灰军装，成了一名真正的八路军战士（后来部队番号改为新四军第三师），而且很快到连部当了文书。

第二次抬担架是在距第一次抬担架六年之后的 1945 年底，地点是东北的锦州地区。

日本投降之后，党中央制定了以发展东北为中心的“向北发展，向南防御”的战略方针，决定从关内各解放区抽调部队，海陆并进，昼夜兼程，急进东北。远在华中的新四军第三师三万余人，也在奉调之列。

当时，我在三师七旅政治部报社任主编，对进军东北，我异常欣喜。东北被日军侵占十余年，如今回到祖国怀抱，这是最大的喜事；我军进军东北，说明革命事业大发展，这是更大的喜事；再一点，东北工业发达，物产丰富，部队将换装，驻城市，楼上楼下，电灯电话，工作、生活条件将有大的改善。我这个小报主编，若能在电灯之下编写稿件，不再点其光如豆的小油灯那该多惬意。

然而，客观情况并不像我想象的那样美好。部队长途跋涉五十多天，行程三千多里，出关后还未来得及休整，也未进驻城市，就和抢占东北的国民党部队遭遇在锦州地区。我军人困马乏，且战且退。在锦州、义县间的上下齐台这个地方，我旅和山东来的部队与国民党第十三军打了一仗。因为没有根据地，伤兵没人抬，有的团要留一个营抬伤兵。七旅则动员机关干部抬担架，要求各部门、各科室让出驮行李的马匹给轻伤员骑，干部背起自己的行李抬重伤员。

我背着背包，抬着伤员很自然地想起抗战初期在苏鲁豫边区的那次抬担架。那时是完全不自觉地、无可奈何地抬了一夜，而这次就完全不同了。出关后遇到的种种困难，自己深有感受。黄克诚师长在给中央的电报中说得更具体、更全面——“无党、无群众、无政府、无粮食、无经费、无医药、无衣服鞋袜”，这“七无”比我军初到苏鲁豫边区时的困难严重多了。在此严峻时刻，抬担架，是理所当然的事，不用领导上作更多的解释，我愉快地抬起担架上路了。

两次抬担架遇到的是同一个问题：无群众。虽然这是暂时的，但却是最可怕的。它深深地教育了我：紧紧依靠群众，把群众团结在党和政府周围，不论任何时候，都是极为重要的。

双亲的悲欢离合

文/程胜利　图/许宝忠

战争年代的恋爱婚姻，既复杂，又简单。因为受条件的限制，在新四军中，一般男女青年是不允许谈恋爱的。但为了照顾经过长期艰苦战争而又年龄偏大的干部，内部也做了一项规定，叫“二八五团”。就是男同志年龄要二十八岁以上，军龄五年以上，团以上干部，才能恋爱、结婚。当时，我的父亲程业棠的年龄、军龄、职务都达到了要求，所以，他于1940年，在皖南泾县云岭新四军军部与母亲阮方举行了一个简单而热闹的婚礼，主持婚礼的是当时的军政治部主任袁国平同志。

1941年初，震惊中外的皖南事变爆发，使这对结婚不到一年，仅仅见过几次面的新婚夫妇离别了，临行时甚至都没有能够互相道别。母亲所在的战地服务团接到命令，踏上北上征途。父亲所在的教导团按照军部指示，成立了一个突击营，由他率领从中村向茂林出发，在行进的过程中，遭到国民党军队伏击，被迫奋起自卫反击，激战数日，后奉命突围。

父亲从皖南突出重围后到达苏北，先后担任了苏中军区如皋警卫团团长、特务团团长等职并参加了车桥、南坎等战役。战争间隙，他开始打听母亲的下落。听说，战地服务团从皖南突围，化装过江，因长江风大浪急，有一只木船被风浪打翻，船上十几名同志落水遇难，

其中就有阮方。父亲听到这个消息，很是悲痛，但他仍认为，这只是传说，所以他还是想方设法打听母亲的下落。

一天，新四军苏北指挥部参谋处长贺敏学打来电话，说找到阮方的下落了。父亲兴冲冲赶到战地服务团，没想到服务团的领导叫出来的人叫“袁芳”而不是“阮方”。

父亲第一次没有找到母亲，不仅没有灰心，反而增添了信心，他坚信一定能找到她。

春去秋来，热心肠的贺敏学第二次打来电话，说在一个文化单位找到了“阮方”。父亲接到电话，怀着不平静的心情，骑上马，第二次去认“阮方”，但是万万没有想到，这次见到的“阮方”，不仅名字叫“袁方”，而且还是一个男同志，闹了个大笑话。

父亲找母亲，母亲也在惦念着父亲。皖南突围后，母亲到了淮南，分配在罗炳辉领导的新四军二师师部工作。她经多方询问，得到的消息是父亲在皖南事变突围中牺牲了。母亲忍受着巨大的悲痛一边积极工作，一边打听父亲的确切消息。

父亲不懈寻找母亲的事情，得到苏中军区首长的关心，粟裕等领导指示组织部门扩大寻找范围，说苏北找不到，就到淮南、淮北去找，后来终于在淮南军区找到了阮方。

为了使这对患难夫妻团聚，组织决定：调阮方到苏中军区工作。正当母亲兴冲冲从淮南来到苏中军区的时候，有人悄悄告诉她：程业棠正同一个民主人士的女儿热恋着。母亲简直不敢相信：为了他，经受了多少磨难，当听到他牺牲的消息后，眼泪都快流干了，还是在苦苦地等待着，他倒好！一气之下，母亲进了党校学习，闭门不见父亲。

原来，在父亲寻找母亲的日子里，一次次如竹篮打水，他自己倒并不灰心，有一些热心的同志耐不住了。他们说：“皖南事变”牺牲了那么多同志，突围出来的人组织上都一一登记了，贺敏学那么认真地帮助寻找，阮方的名字在干部花名册上，像篦子一样，篦过来、篦过去，不知篦了多少遍，同名同姓的人都查了，还到哪里去找呢？有人劝他莫作痴心汉了。还有人开始为他穿针引线、当起了红娘。苏中有一位进步民主人士，拥护共产党的抗日主张，敬佩新四军干部的人品，他听说父亲的妻子在皖南事变中遇难了，意欲将自己的女儿许配给父亲。父亲对寻找母亲未果，并没有失去信心。但鉴于领导和同志们的好心，加上他又是民主人士，父亲决定当面跟他谈一次，作一些必要的说明。父亲和民主人士面谈之后，民主人士被父亲深明大义的精神所感动。

误会解除了，这对患难夫妻重新团聚，在苏中地区传为佳话。军分区司令员陶勇和政委吉洛（姬鹏飞）为我的父亲母亲办了团圆酒，军长陈毅和苏中军区司令员粟裕特派政治部主任钟期光前来祝贺。钟主任带来一床红绸被，这是军区首长奖励给这对患难夫妻的。绸被面上绣着一朵大红花，花朵十分艳丽。钟主任说，这朵大红花，是在战胜风霜、排除波折之后才艳丽开放的，倘若“轻易”而开，是不会这般红艳的，就像我们的事业，要不经过艰难缔造的奋斗过程，那么巩固和壮大的程度当不如我们愿望的那样伟大吧！

永远的军人

——散记父亲二三事

文 / 吴喜珍

我家祖居昌江墩头村（今东方辖区）——一个四面环海的小渔村。

爷爷吴大流，一生与大海为伴，演绎“老人与海”的故事。六十多岁病逝。

奶奶张引舅，勤劳能干，善良仁厚。支持儿女革命，并亲任地下情报员，于海南解放前夕，曙光初现之时，被国民党杀害于北黎。牺牲时已七十多岁高龄，被誉为“革命的母亲”。

大姑吴兆妹、大伯吴以忠，二人早夭。

二伯吴以丰，1936 年 2 月入党。1937 年，经组织安排，以优异成绩考入国民党 32 军军训班，任班长。1938 年，离开 32 军，经县委书记陈克文安排，跟随马白山，协助工作。1940 年，随史丹先生入“琼崖抗日公学”学习，后经琼崖独立总队总部召回，编入总部卫士班。同年，“美合事变”，为保卫琼崖独立总队总部，担任断后，英勇牺牲。

三伯吴兆昌，抗战时期，我党地下情报员。1943 年，于昌化港被国民党杀害。

二姑吴五姑，昌江县田庄村抗日妇救会成员，被日军杀害。

父亲（吴以怀）一家，几乎满门英烈，只有他，一人迎来了东方喷薄的日出。那本蓝皮硬壳笔记本，寄托了他怎样的情愫？孩提时，我们忙于自己的成长游戏，从未体察过。

直到今天，静静的岁月，终于带着我走进了那丰美的世界。为了理想，他们那代人，经历了血与火的洗礼。青春的追求，激情燃烧的岁月，在键盘的敲打中，一幕又一幕感动着我。

“潜伏”，特殊的战线

从我有记忆以来，父亲，总是腰板挺直，一副职业军人的做派，人称“吴大帅”。我一直以为，这就是传说中天生的军人吧。加之父亲为人一向低调，淡定，故我们从不知道他在行武之前，曾有过一段特殊的经历。

1939 年秋，日军九架双翼飞机，从西北方海面起飞，先后对墩头一带发动三次空袭，继而将铁蹄踏入昌江。日军开始了疯狂的“扫荡”——搜村、杀人、封锁。石碌，拥有世界上含铁量最高的铁矿，这是紧缺的战略资源，侵略者垂涎欲滴。日军划昌江为工业区，开办三井洋行、三菱洋行、大日、东神、窒素、西松组等公司，在新街成立日商会，开采铁矿，掠夺资源。

1939年底，中共昌感县委在面前海成立特别支部，旨在发动群众抗日，粉碎敌人封锁，打乱侵略者掠夺铁矿资源的计划。县委书记陈克文决定，派遣父亲和戴泽运，秘密潜入敌占区，建立地下党组织。临危受命，父亲抱着必死的决心。他怀揣着一把短枪，时刻准备，如遇不测，决不做俘虏。

父亲秘密潜回，在“屋主母”王定兰家落脚。经过艰苦调查，恢复了在敌占区与党失去联系的党员的组织关系，建立党小组，发展新党员，成立青抗会、妇救会，发动进步青年参军抗战。1940年至1942年，仅墩头一个村就动员了一百多名男女青年参军抗日。父亲还在墩头、新街、港门着手建立秘密联络机构；安排党员周业贞打入港门维持会当秘书，地下党组织有了自己的“千里眼”；安排抗属及进步人士当保长，他们与敌周旋，侦察敌情，通风报信，敌人一举一动，我们了如指掌。父亲他们还在新街、港门先后办起“日华茶店”和“日华茶店分销处”两个联络点，掩护身份，搜集情报，开展秘密工作。1941年，文谦受率短枪班，白日化装潜入新街，在地下党组织的掩护下，将向日本告密杀害地下联络员的汉奸卢汉川击毙于公厕。1941年，经侦察得知，三井洋行运来大批军需，存放于新街仓库。地下党组织及时送出情报，并配合部队，夜袭三井洋行，缴获步枪数支、两百多匹布匹和大批日用品。这次奇袭，动用了一百多名工人。在敌占区，父亲还担负着另一项艰巨的任务——在敌人的眼皮下，秘密进行募捐。1939年至1941年初，地下党组织募捐和没收奸商货款，共计光洋一千多元，日元一千多元，长短枪四十多支，粮食、药品、鱼、衣服、毛巾等一批物品，价值两千多日元，全数上交昌感县委，支持抗战前线。1941年9月，县委成立税务局，父亲被委任为昌江县抗日民主政府第一任税务局长。茶店变成了征税点。税务局成立后，每月上交税款三千元左右。后来，父亲用三只手枪，组成缉私队。缉私队在近海神出鬼没，常以小木舟出没近海，抓获敌运粮船只，一次缴获大米几千斤，令日军昼夜难安，有一次，傍晚。缉私队在近海与敌巡逻艇遭遇，战斗非常激烈，周民锋左手负伤，最后，借夜幕掩护，终于脱险。当年，组织墩头青抗会的船工，利用日军雇佣民船运物资的机会，采用灵活巧妙的办法，夺取日军物资，破坏敌人物资供应，打乱了入侵者掠夺石碌铁矿战略资源的计划。“藏暗仓”“打水鼓”，青抗队员在地下党组织的领导下，冒着生命危险，用障眼法，与敌人斗智斗勇，截获大量物资，支援抗战。因截获的物资，要输送到抗战部队，父亲他们又组织了“八姐妹”运输队。姐妹们用扁担完成着她们的使命，一直持续到海南解放。父亲在回忆录里，称赞她们“是不穿军装的战士，是真正的无名英雄”。

这是一条看不见的特殊战线。置身其中，暗流涌动，险象环生。父亲当年多次遭遇险情，全凭智勇，方可脱身。“顺民证”和杂志《大东亚共荣圈》就是父亲地下工作的“护身法宝”。1941 年 5 月。有一天，父亲正夜宿剪半园，日军突然围村搜查，父亲混在集合的村民中，最后，就凭这两大“法宝”，瞒过了敌人的提审，顺利脱身。父亲出色地完成着党交给他的地下工作，直到 1942 年 10 月，他被派往琼纵第四支队。

立马横刀　戎马生涯

1942 年 10 月，父亲开始了他职业军人的生涯。

刚到部队，父亲被任命为琼纵第四支队第四大队技术书记。迎来海南解放时，父亲已是琼纵五总四团政委。在这期间，他亲历了白沙解放战役，参加了琼纵秋季、春季、夏季三大攻势等大小战斗无数。报板伏击战、那雅之战、罗任之战、夜袭美厚、红土坎伏击战、高田坡伏击战、金沟岭伏击战、痛打“雷公”，以少胜多之战、南坤—林加公路伏击战、造水村歼灭战、光岭之战、马六岭遭遇战、中原墟战斗、临高和舍之战、儋州王五墟之战、南辰之战、石碌之战、报板战斗、广坝战斗、九所战斗、廖练袭击战、夜袭林旺——浴血鏖战，父亲在战火中成长。

片段一：廖练袭击战

1949 年 8 月 10 日，琼纵五总四团，接到地方政府的敌情报告，立即派出林侠君副团长，乔装前往廖练侦察。之后，冯位才团长和父亲召集干部，制定作战计划。12 日晚，誓师出征。经过八小时艰苦行军，部队于 13 日拂晓到达指定地点。天泛起鱼肚白，出操号响起，敌人都集中在操场上。“打！”按计划，一营在父亲和林侠君率领下，从据点两百米外的无名高地上，集中十挺轻重机枪的密集火力，朝下开火。十多分钟后，敌人死伤过半，我军冲锋号响起，团长冯位才率二营突击队，如猛虎下山，冲进敌人的阵营——这次漂亮的“包干战”，干净利落，全歼敌人一个连，敌死伤五十人，俘虏四十人，缴获轻机枪四挺，长、短枪八十多支，六〇炮两门，军需物资一批。我部无一伤亡。廖练一战，震慑了驻榆林、三亚、陵水一带的残敌。

片段二：“天兵天将”智取新村港

1949 年 10 月 29 日，秋晨。南部的新村，没有一丝凉意。国民党一三一旅一个连约六十人开进新村港，领头的佩上尉军衔。进了街市，贩卖的百姓见状，纷纷逃避。队伍散出约一个班的兵力，蹿到海边驱赶船只，渔船纷纷逃向大海。队伍到了镇墟据点，“开门！”前头一个兵大喝。哨卡士兵稍有犹豫，“兵痞子”便举起枪托砸过去，操着方言骂开了。哨兵赶紧开门。据点里驻扎着国民党盐警队和伪乡公所。“中央军”留下一个班镇守大门，其余进入据点后，一个班迅速抢占了制高点。领头的上尉，双手叉腰，冲着迎上前来的盐警队长和乡长，破口大骂。“长官息怒！息怒！”通译官板起脸训斥：“你们把渔船通通放跑了。共军近来活动频繁，我们损失几个据点了，知道吗？”“中央军”命盐警队长下令，全队徒手集合，然后将伪乡乡长和盐警队长捆起，收缴全部枪械。这时，“上尉”才大声宣布：“我们是中国人民解放军琼崖纵队”。战斗结束了，“上尉”就是父亲，通译官是林侠君，山东兵是刚投诚的战士。不费一枪一弹，以一个连的兵力乔装智取，在琼崖纵队军史上尚属首例。此役，拔掉新村港据点，俘虏敌人两百多人，缴获轻机枪三挺，长、短枪一百六十支，军用物资一批。

片段三：“调虎离山”迎接渡海大军

1950年，父亲时任琼纵五总四团政委。

4月10日，五总接冯白驹司令急电“奉十五兵团司令员邓华电示我野战军主力共八个团，定于16日夜间，在临高角一带海岸登陆。现命令你部率六团和四团立即启程，务必于16日拂晓前占领王五墟，以牵制那大、大成一带敌人，切断白马井向东增援之敌”。

4月14日下午，潘江汉总队长、林豪副政委率四团、六团，从崖县、保亭日夜兼程，到达了指定地点儋县（今儋州市）西海岸，宿营郴木村、蓝村、大松村一带，立即在海头、排浦一带扰敌，佯作接应渡海军之势，迷惑敌人。

4月15日清晨，两架敌机盘旋侦察。中午，敌50军36师174、176两个团共两千多兵力，在两架飞机的配合下，向五总六团发起进攻。我四团（欠一个营编制）接命，迂回到敌左侧出击。敌数架飞机，从海口起飞，在四团阵地投下一串串炸弹。四团、六团配合夹击，击退敌军，共歼敌一百五十人，缴获轻、重机枪八挺。我方伤亡五十余人。

4月16日拂晓。六团隐蔽待命。四团接命向王五墟发起进攻。一个小时后，四团攻占王五墟。“声东击西”果然奏效，造成敌人误判。敌人立即加强王五墟、排浦沿海防御，调敌五十九师，向固守王五墟的四团猛扑。四团两个营，对敌一个正规师。一营防守墟内街巷、路口，二营和总部机炮连固守东外围制高点。四团勇士多次击退敌人营、团进攻。战斗打得格外惨烈，一直持续到深夜。四团伤亡八十多人，一营副营长壮烈牺牲。六团团长李贤祥率二营援助，从王五墟东南绕到敌背后突击，形成内外夹攻之势。下午4时，敌人久攻不下，又命白马井、新州地区正规军和地方部队两千多人，分两路增援。四团、六团集中火力，奋勇阻击。

4月17日3时，十五兵团四十军主力在临高角登陆。

4月17日2时至4时，十五兵团四十三军主力在澄迈花场港登陆。

4月17日傍晚，敌五十九师得知中计，急忙放弃围击王五墟，仓皇向北增援。

英勇善战的五总队，不惜以生命作代价，胜利完成了总部交予的牵敌任务。解放大军顺利渡海。

一个个战斗的片段，是父辈们在战火中用青春铸就的历史。

1950年5月，海南迎来了解放。那年，父亲三十岁，与战友、我的母亲许桂英结婚。

和平年代，父亲依旧一身戎装，献身于祖国的国防事业。1959年底，父亲在中国人民解放军政治学院速成系学成毕业后，被调往榆林海防前线。由此，他镇守南疆二十载，直至1980年离休。

2003年，父亲作为老前辈，站在海南省军区国庆阅兵主席台上。大病初愈的他，用拳头摁在桌上，撑着羸弱的身子，自始至终，保持着军人的威严。当检阅部队，喊声雷动，从眼前通过时，他举起了右手敬礼，内心风雷依旧……

而今，年逾九旬的父亲经常搓手搔痒。

问：你手痒吗？

笑答：对呀。台湾还没统一呢。

我爱你，父亲——永远的军人！

军营里的父子兵

文/朱达应

“母亲叫儿打东洋，妻子送郎上战场。”这是抗战时期在《太行山上》这首歌中的两句词。我和父亲就是这两句歌词的写照。

1939年3月，日军占领了我的家乡。抗日的烽火让我深明大义的母亲把她亲爱的丈夫送上了战场。时隔一年，1940年6月，母亲又把她唯一的儿子送上了抗日前线。于是，新四军苏北指挥部第二纵队九团二营四连出现了一对父子兵：父亲朱锡荣，三十六岁，是全连年龄最大的班长，人称“胡子班长”；儿子朱达应，十三岁，是全连年龄最小，个儿最矮，背一支“小马拐”的通信员。这对军中的父子兵，在不到一年的时间里屡传佳话：

——“胡子班长”最爱兵。其实这种称赞不确切，因为班长也是兵。不过作为班长，父亲能处处关心班里的战士那倒是事实。行军时他肩上经常是双枪、双袋（米袋），宿营时总是带头扫院子、整床铺，夜间站岗也经常代岗，甚至连站两班岗。打仗时特别注意战士的安全，教战士怎么挖掩体，怎么匍匐前进。冲锋的时候总是在前，如打姜堰，他们班最先冲过电网，俘虏和缴获最多，全班十二人无一伤亡，受到连、营的表扬。同时他对战士要求也很严格。打黄桥时，部队埋伏在山芋地里，有个战士偷偷挖了个山芋，他硬是让那个战士把山芋埋进地里。在战斗总结的班务会上，还让那个战士作了检讨。

——连队最小的“知识分子”。我十一岁初小毕业，十三岁参军，不管在家帮妈妈种地，还是到了部队，只要有空，我就看书写字，极少的津贴费大部分买了学习用品。项桂荣连长还送给我一支新民钢笔，丁瑞根支部书记（皖南事变后改称为指导员）常给我送新书和报纸看。同志们写个家信，甚至写入党志愿书，都乐意找我帮

忙，我还教连队战士唱歌，连长说我是四连的“小知识分子”。

——不叫爸爸叫同志。部队渡江前，我见到父亲都叫爸爸，到了苏北部队整编后，项连长当着我爸爸的面，严肃地对我说：“从今以后不准再叫爸爸，要称朱锡荣或班长同志。”我口头虽答应“是”，可到时就是叫不出口。丁瑞根同志说：“也可以叫八班长嘛，私下也还是可以叫爸爸的。”此后我就叫父亲为班长同志，有几位调皮的班长，当着父亲的面都叫我“乖儿子”，说他们也都是“班长同志”。

——父子协助破大案。1940 年 12 月，我团参加了对顽固派韩德勤的曹甸战役。由于种种原因，曹甸中心土围子没有拿下来，部队伤亡很大，我连部分同志士气低落。就在这时，连里发生了一起惊动苏北指挥部的特大“集体带枪逃跑案”，由于指挥部的决策正确，方铭营长的果断措施，在事发前三小时内没放一枪、没伤一人，十二名逃兵束手就擒，避免了一场事故。事情的经过是这样的。撤出曹甸战斗后，部队住在宝应县陶家林一带休整待命。连部文书高某某利用连队有些同志悲观失望的情绪，大放厥词，说什么“八路军、新四军合起来也打不下曹甸的小土围子，还有什么前途？不如回江南太湖去打游击（实际上是当土匪）”。他串通九班长，秘密地在三排几个班鼓动战士带枪跟他们一起走。几天时间就鼓动了十几名江南籍的战士（事后知道连部文书和九班王班长是这起案件的主谋）。事发前一天上午，八班一个姓钱的战士（是十九路军守上海退下来的散兵被收容的，是父亲当班长时班里的战士）背着九班长找到我父亲（黄桥战役后我父亲已调任连司务长），动员父亲和他们一起回太湖打游击去。父亲听完后觉得问题十分严重，为稳住他，就推说要想办法把儿子也带走，给几天时间。老兵却说，那不行，过了今天就没有明天了。父亲知道情况紧急，想了想就拿出自己平时积蓄

的十块银圆放在老兵手上说："老钱，我不能丢下儿子不管，也希望你不要跟他们一起走，带枪逃跑被抓住是要杀头的。你今天信得过我，我也对得起你，这十个'大头'就作为你回家的路费，希望你再好好想想。"老兵收下银圆，叹了口气说："听天由命吧。老班长，就算我今天什么也没说，你什么也没听到。"父亲心急如焚，自己又不能马上到连部去报告（怕被发觉反打草惊蛇），就写了个条子，中午开饭时把条子塞给我说："十万火急，送给连长，别让文书看到。"我回到连部，马上把条子给了项连长。项连长马上找到方铭营长。方营长看完条子，立刻找到指挥部（我连临时担任指挥部警卫连），首长批示：弄清情况，立即逮捕，不可漏捕。当晚十二名企图逃跑者全部被抓了起来。经过详细审查，就在秦南仓大广场上，开了全团大会，表扬了我们父子立场坚定。事后对部队特别是干部进行了整顿和教育。

——爸爸是好样的。在宝应境内过完1941年的元旦，父亲调任二营军需官（未到职），我也调营部通信班。1月部队移防兴化县（今兴化市）唐子镇，是保卫东台（苏北指挥部所在地）西线最前哨。那年的春节风雪交加，冷得出奇，屋檐下的冰柱有一尺多长。年初五一早，天气放晴，风和日丽，班里有些同志在晒太阳。我正在补写春节日记，忽听到嗡嗡的飞机声，班长说，贴"膏药旗"的小飞机是日军的侦察机。不到10点，兴化县城下来的几千日伪军向唐子镇扑来。战斗坚持到下午4时左右。我营掩护团直机关向戴家窑方向撤退，当我们通过大浮桥走上大河（什么河记不清了）堤岸公路时，发现中午就从水上撤退的装有重伤员和军需物资的船，还在河上慢腾腾地边敲冰边航行着，我父亲就是奉命带此船先撤的。就在这时，掩护后撤的四连项连长负了重伤，方铭营长让他上了我父亲的船，并指示立即从河岔向南往西马庄方向撤退，防止日军汽艇追来。第二天上午，敌人从水上、大河两岸的陆上继续向东台方向"扫荡"，由于西马庄是个百户以上的大村庄，一小股日军边打枪边向庄子奔去。听到枪声，父亲和船工将重伤员背上了船，刚要离岸，已看到日军奔了过来。父亲告诉船夫快离岸，自己拿上连长的驳壳枪上岸向日军射击。虽然延缓了敌人前进，父亲却献出了宝贵的生命，死在日军的刺刀下。这都是幸存者项连长亲口告诉我的。四十年后的1981年，曾任二十四军军长和天津警备区司令的项林荣同志，还专程来南京看望我们全家人，这是后话。

父亲牺牲后更加坚定了我抗日的决心。当时组织上决定让我小舅舅（团部经济副官）送我回家去，我拒绝了。我说父仇不报枉为人子，终于被留了下来。在抗日战争艰苦的岁月中，为父报仇一直是我的精神支柱，直到1944年4月入党。1945年12月21日清晨，是我永远忘不掉的日子，那是邵伯地区解放的日子，也是我亲手杀死日军为父亲报仇的日子。

我是怎样成为新四军女战士的

文 / 杨琪华

“五卅”的烙印

我从小生活在上海南京东路南侧的云南路上。南京东路是当时英租界的地段，设有统治中国人的工部局和老闸捕房，英国巡捕（俗称“三道头”）一副凶相，贫苦百姓远远看见他们，就得躲开，不然，就会遭到他们脚踢棍打。我刚会走路的时候，大人就告诉我，不要随便到大马路上去，免得受“洋罪”。我生活在这样的场所，从小就有一种被压迫感。

南京东路是当时中国人民与外国侵略者、国内反动派作斗争的场所，时有学生、工人游行示威，高呼口号。1925年发生的五卅惨案，给我印象很深。

1925年5月15日，日本资本家开枪打死领导工人斗争的顾正红，激起公愤。5月30日那天，成群结队的工人、学生从四面八方涌进南京东路，沿途演讲，高喊打倒帝国主义的口号。记得当天我爸爸带我站在路边看。我从来没有看见过这样大的场面，很振奋，又有点害怕。忽然听见枪声，有人说：外国巡捕开枪打人了！接着外国巡捕和警察开始抓人，把人拖到巡捕房里去。示威的人大喊：“放我们的人！”一面喊，一面涌向巡捕房。这时，人越来越多，英国巡捕放排枪，不少人跌倒了，流血了。年幼的我被吓哭了，爸爸赶紧带我回家。我爸爸看到外国人用枪打中国人，气得不得了。他本来生肺病，这时一生气，又吐血了。他顾不得休息，却带我到附近照相馆去拍了一张照片。当时他没有说这是为什么，后来我慢慢懂了，他是要让我记住这天洋人杀中国人的罪行。

打这以后，我开始懂事了。我读书的小学校长胡静园先生，是参加过五四运动的，他常在每周一上午“纪念周”活动时讲解“总理遗嘱”，教育我们“毋忘国耻”。1931年发生了日军武装侵略中国东北的九一八事变，国民政府“不抵抗”，我那时不满十岁，也觉得是不对的。1932年的“一·二八”抗战，人们高兴了一阵子，不多久，政府又妥协了。1937年的卢沟桥事变、淞沪会战，使我受到很深刻的教育。那时几十万中国军队与日本军队血战，报纸、广播电台每天日夜不停地报道我军的胜利消息，大家都非常高兴，我们中国人真的扬眉吐气了！一面是中国军队英勇作战，一面是各行各业的爱国同胞支援前线，十分

激动人心。淞沪会战打了三个多月，打死打伤许多日本兵后，我们中国军队撤出上海，转移到别的地方去继续打日军。这时上海有许多救国团体要跟军队走，我也想找机会参加进去，但因为我年龄小（十五岁）、学历低（初一）不够条件，没成功。于是我就想学一门技术，将来好到内地去参加抗战。

通过刻苦自学，1937 年冬，我以初中毕业的同等学力考进上海大德高级助产学校。这个学校读德文，我不想放弃原来在培成女中所学的英文，就利用夜里和星期日，到浦东大楼的中华职业补习学校去继续学英语。我在那里接触到好些进步同学，在“大德”也和进步同学交上了朋友。他们帮助我读到斯诺的《西行漫记》、毛泽东的《中国革命和中国共产党》《论持久战》等书籍，还读了一些鲁迅的著作。在这之前，我曾听说共产党在大公司楼上发传单，但对共产党的政治主张却不大了解，读了上述书籍，才知道共产党最爱国，共产党、红军了不起。毛泽东写的书，讲的道理通俗易懂，令人相信。我和进步同学来往多了，开始逐步了解新四军，比如新四军在上海附近乡下怎样打日军，新四军纪律严明，待老百姓好像亲人一样，对新四军有了很好的印象。

1941 年初，国民党发动皖南事变，打死打伤新四军很多人，还宣布新四军“非法”，取消新四军番号。当时，我在“大德”刚刚学习期满，参加了毕业典礼。我不再想到内地去参加抗战了，要想办法去参加新四军。

我不是“上海小姐”

我想参加新四军，还与我的家庭境遇和个人经历有关。有人说我是“上海小姐”，我听了心里很难过。我怎么会是“上海小姐”呢？

我祖父是宁波乡下的破产农民。他很小的时候，因家里穷，人口多，养不活，曾祖父挑他出去，想找个人家收养他。不料挑到路上绳子断了，曾祖父坐在地上哭。过路的人劝他说：“绳子断了，该应这孩子命大，你还是把他挑回去，大伙省一口，也就挺过来了。”祖父在苦日子中长大后，跟着庄上的乡亲到上海来做小工，积了一些钱，回家娶了媳妇。两人再到上海，先到菜场边上一对老夫妻小店门外，摆了个摊子维持生计。他们忠厚老实，勤劳节俭，主动帮小店的老人做些家务，代为送送货。两位老人想想自己没有后代，年纪也大了，不如把小店盘给这两个年轻人。于是双方讲好价钱，分几年还清。我祖父非常感激，把老人当作恩人，逢年过节到乡下去看望老人，准时还清债款。最后，为恩人送终安葬。祖父、祖母待人好，做买卖讲信用，苦做了多年，把两个儿子抚养大，成家，开了两个小店。我爸爸长期与木炭、柴片打交道，传染上肺病。这种病当时没有特效药，爸爸的病好一阵坏一阵，五卅惨案那次受到大刺激，血吐得更厉害了。拖到 1928 年春天一个夜里，爸爸突然吐血不止，邻居帮助请来医生，医生看了说：“他的肺已经烂了，没法救了！”第二天早上，我爸爸就断气了。我妈妈坐在床边，呼天喊地地哭。丧父惨痛的情景，烙印在我的心头。

爸爸死的时候只有二十七岁，妈妈才二十六岁。三个孩子，哥哥九岁、我六岁、弟弟三岁。孤儿寡母，遭人冷眼，受人欺侮的伤心事接连而来。幸亏我妈妈有志气，她强忍着悲痛对祖父说，她决心挑起这片小店的担子，把三个孩子抚养成人。祖父支持我妈妈，让她和伯父家分开来过。妈妈既要做买卖又要带三个孩子，实在忙不过来，只好狠狠心，把我寄养到外婆家里。那时候，我外公已经去世，舅舅当家，妈妈硬着头皮把我送过去。临出门前，妈妈把我头上扎的白头绳拆下来，含着眼泪对我说，“你戴着孝，人家认为会把我们家的晦气带到舅舅家去。”妈妈还嘱咐我，你要为妈妈争气，到了舅舅家，要帮舅舅舅妈家做点事，不要吃白饭，讨人厌。我看着妈妈的泪眼，点点头。

舅舅家住在闸北区，用今天的话说是正宗的上海“下只角”（上海话中指地段偏远，住房简陋，环境杂乱的地方），周围居住的都是穷苦人。舅舅开一家小杂货店谋生，顾客大多是工厂工人和家属。我到了舅舅家，外婆待我很好，三姨妈还未出嫁，带我一起睡。我记着妈妈的话，主动到厨房帮助大人在灶头上添一点柴火，或去摇摇躺在摇篮里的小表妹。有时，还到店堂间去学折叠草纸，学包小三角包。有时，我在柜台边，坐在高凳子上学做一两分钱的小买卖，好像是个小学徒。

我在舅舅家的这两年时间，还和棚户区的一些小女孩交上了朋友，学会了讲苏北话。知道她们中有些人不比我大多少，就做童工了，一天才挣一两毛钱。有一次棚户区失火，火烧了一大片棚户房，却不见救火会的人来帮助救火，许多简易房子被烧掉，不少穷苦人流离失所，成为灾民。他们的悲苦情景让我久久难忘。

当时，我很羡慕比我大九岁的小姨妈，她读过几年书，能坐在账桌上记账，还会打算盘。我向妈妈要求，让我读书。妈妈考虑我哥哥已经上学，两个孩子上学开支大，不大愿意。祖父说到宁波同乡会办的学校读书，学费收得少，就让她去读吧！妈妈这才同意。我读书用功，跳了一级。小学毕业后，我想继续读中学。妈妈说：你哥哥也只读到小学毕业就去做学徒了。意思是不赞成我去读中学。宁波人嫁女儿要陪嫁妆。我向妈妈表示，以后我可以不要嫁妆，但我要读书。妈妈看我态度坚决，读书成绩又好，也就同意了。

“不告而别”投奔新四军

我能够参加新四军，是得到一个同学的帮助。她叫赵嘉华，镇江人，思想进步，与共产党地下党组织有联系。她说，她可以把我介绍到新四军里去，我听了很高兴。

走的这一头有了着落，我就去试探妈妈，看她能不能放我走。我对妈妈说，我有机会可以去江北上大学，不收学费。妈妈说，江北太苦，路也太远，不能去。她语气很肯定，不容商量的样子。当时，报纸上常登“寻人启事”，说明有不少人是“不告而别”的。既然妈妈不同意，我只好偷偷地走了。

我和另外两个同学约好一起走。我把换洗衣服、鞋袜和日常用品，分批带出家门，放在准备和我一起走的同学家里，一切准备就绪，就等带我们上路的人了。恰好那时苏南沙洲县（现张家港市）有个干部在上海治病，他病好了，

可以带我们走。临上路，准备一起参加新四军的一个同学被父母发觉，扣住了，另一个同学家里有事，要延期走，结果只有我一个人走。我和沙洲县的那个同志见了面，约好买哪一趟船票分头上船。

那是1941年2月中旬的一个傍晚，我们在南京东路外滩上的船，开往沙洲的十二湾港。后来弟弟告诉我，那天晚上，妈妈看我没有回家，就和弟弟一起到被父母扣住的那个同学家里去找我，问明了我坐船的地点和时间。母子俩赶到那艘轮船，上下船舱看了一遍，没有看见我。船要开了，船方催送客的人下船，妈妈和弟弟只好下船回去。那天我和沙洲来的同志坐在船尾的统舱里，和苏南的老乡挤在一起，我也没看见妈妈和弟弟。

当晚，船过吴淞口，没有碰到巡警检查。第二天一早，船到十二湾港。上岸的时候人很多，我们挤在老乡当中，碰到两个伪警察，没有检查。出了港口码头不远，到了一个小村庄，这里有新四军工作人员。有个叫陆保娟的女同志接待了我们，在她住的老乡家里吃早饭。吃的是大麦糁子和大米煮的粥，我觉得特别的香。

饭后，陆同志陪我们去找中共沙洲县委驻地。早春二月，我第一次走在江南田野上，心情很舒畅。我们边走边讲，老同志讲他们游击生活的趣闻，也讲上海刚下来的同志分不清韭菜和麦苗的笑话。大家一见如故，不分彼此，十分亲切。中午，我们赶到沙洲县中心地区——桥头。路过一个小学校，墙上贴了许多庆祝沙洲县抗日民主政府成立的大标语。看到在当地工作的新四军女同志和老乡一样打扮，穿的是老乡自织自染的小格子土布衣裤，很朴素，也很好看，心想不久我也会穿着这样的衣服，很开心。

桥头交通站的同志不知道县委昨天晚上转移到哪里去了，要我们吃过中饭到西边后塍的交通站联系。到了那里，才知道县委在一个名叫上八圩的地方，我们又回头向东北方向赶，路不远，很快就找到了县委，见到县委书记杨明德同志。我把上海地下党同志写的介绍信从衣角里拆出来，交给他。他看了，表示欢迎我来参加新四军。他说，我们这里正需要人，你就留在这里工作吧，不要再到锡北（无锡北部）找特委了。我看他态度诚恳热情，就很高兴地同意了。这个时候，我才觉得自己已经成为新四军的一员，是一个新兵了。

第二天一早，得知在周庄工作的一名新四军同志，昨天晚上被敌伪军抓去了。原因是他大意了，一个地方住了几天，没有移动，枕头下面还放着革命书籍。老同志告诉我们，在游击环境下工作，一定要有敌情观念，要有高度的警惕性。这是我参军以后上的第一课。当新四军，有危险，我有思想准备。听到这个消息，我并不害怕，但我要记住他的教训，学会在游击区如何保护自己的本领。

我一来就接受了新任务

1941年的上半年，新四军六师十八旅抓紧时机在江阴、无锡、常熟广大乡村扩大部队，建立抗日民主政权，很需要工作人员。沙洲县是个新县，县政府刚成立。县领导考虑我刚到根据地，政治面貌没有暴露，就派我到敌伪据点边上一所中学——大南中学插高三班读书，做争取学生的工作。我乐于接受这个新任务。陆保娟同志帮助我准备住校的被子等行李。大南中学已有一个党员，他帮助我了解情况，做联系同学、争取同学的工作。

转眼到了4月初，学校放春假，我回县委参加工作会议。县委根据开展工作的需要，要我回上海带一批新同志到沙洲来。他们准备了去联系找寻的线索，大都是已经来沙洲工作同志的同学、亲友提供的，也包括我可以动员的同学和亲友，共有八九个人，让我动员他们一起来参加新四军。上次是老同志带我来的，这次要我这个新同志去带人，带的人还多。好在我胆子比较大，按照上次来的路线，我顺利回到上海。我先到自己家，妈妈和弟弟看我回来了，高兴得不得了。我告诉妈妈我在那边很好，叫她放心。弟弟杨嘉章要跟我走，我也乐意带他去参加新四军，但妈妈不同意，说他年纪小，还在上学，不能走。我感到妈妈身边只有弟弟一个人，如果弟弟走了，妈妈太孤单，就说服弟弟暂时不要走，将来会有机会的。弟弟也听我的话，留在上海继续读书。没想到这个暂时却很长，直到1949年5月，上海解放，我弟弟才参加了解放上海的部队，不久作为志愿军赴朝参战。

我依照带来的线索，很快和那八九个人都联系上了。我还抽空到外滩附近和那个当初给我写介绍信的地下党员联系。他问我那里缺什么东西，我一时答不上来，想了一想，才说在那里没有看到照相机。他就去买了一个长方形的照相机和几个胶卷，嘱咐我带回根据地。我先后只花了一个多星期，就完成了这次的任务。

县里同志看我很快完成了任务，都很高兴。县委让我不用再去大南中学了，要我到沿江区去做民运工作。同时根据我有入党的愿望，在我去沿江区之前，派人和我谈话，说可以吸收我入党。我没有想到我的理想和愿望会这样快地实现，就赶紧写入党志愿书。县委考虑开辟新区党建工作的需要，决定不设候补期。这样，我可以直接参加区委的一些活动。开辟新区，事多人少，领导放手让我干，让我倍感亲切和温暖。我主动向老同志学习，工作进步也快。才过了两个月，到6月中旬，上级要县里送人去培训，县委把这个学习机会给了我。我本来很爱学习，特别珍惜这次宝贵的学习机会，赶紧和另一个同志一起去锡北报到。

难忘的谢飞老师

我们进的是中共路东特委党训班，参加培训的都是二十岁左右的青年党员，大约有一百人。班主任是曾做过毛主席秘书的黄祖炎同志。党支部书记（政治指导员）陈一平，是个回国参加抗战的华侨，讲一口广东口音的普通话，是个和蔼可亲的同志。教员中有个谢飞同志，是参加过二万五千里长征的红军女战士。有这些令人尊敬的人领导我们，教育我们，我心里不知有多高兴。

党训班开学没几天，上海、南京的敌伪军，于7月1日开始对苏南新四军部队、苏（州）、常（熟）、太（仓）和澄（江阴）、锡（无锡）、虞（常熟）抗日根据地进行“清乡”。我主力部队反“清乡”。我们党训班和十八旅的教导队

一起，渡江北撤到苏中新四军一师一旅地区，坚持学习。在反“清乡”斗争中，许多地方工作干部撤退出来，到党训班来学习。其中有的同志还没有入党，党训班改名为干训队。人数多了，分成男生队、女生队。组织上指定我为女生队的党支部书记。组织上信任我，给我压担子，这也给我多一些接近谢飞老师的机会。我在路上和饭后休息的时候，拿一些问题向谢老师请教，她总是有问必答。她给我讲抗战形势，说明我们目前的处境虽然很困难，但经过持久抗战，最后胜利必属于我们。

谢老师不但在政治上关心我们这些女青年，也关心我们生活。长江两岸，河多水多，蚊子特别多。那时我们生活很困难，没有蚊帐，夏天晚上，蚊子来扰，实在吃不消，觉也睡不好。谢老师教我们怎样把被夹里折成三叠，在一头缝上一块纱布或别的能透气的旧布，再用树枝或竹竿撑起来，成为一个长方体的帐子，可以防止蚊子叮咬。我照她讲的做，蚊子果真不大来咬我了，这个办法真好。

我们虽然经常转移，但训练班领导同志对我们的教育仍抓得很紧。我记得谢飞老师给我们上过党的建设课。她讲到列宁有关布尔什维克的建党主张和孟什维克的主张有哪些不同，讲我们中国共产党的历史，教育我们要从思想上加强学习，实践上加强锻炼，争取成为一个好党员。

我们知道谢老师已经结婚，她的爱人是刘少奇同志。她不在军部和首长一起生活，却到前线来为培养我们这些新干部而辛勤工作。我和许多同学都很敬重她，把她当作我们自己学习的榜样。

一次偶然的机会，我在谢老师那里看到她的照片，我情不自禁，脱口而出要求谢老师把她的照片送给我。话说出去了，马上又觉得自己有些冒失，但谢老师好像很了解我的心情，毫不犹豫地把那张照片递到我手里。我赶紧握住谢老师的手，连说“谢谢！谢谢”，表示一定要向她学习。这张照片我一直珍藏着，过了半个多世纪，女记者桑金兰同志要写谢飞同志传记，到我这里搜集材料，我把照片借给她。她带回北京请谢飞同志看，谢老师说难为上海这个同志保存下来，我自己倒没有了。这张面带微笑的半身坐像，收入《长征女红军谢飞》一书。当得知谢飞同志还健在时，我真想找机会到北京去拜访她，当面向老师汇报，我是记住她的嘱咐，在努力上进的。

开辟新区的考验

1941 年秋，新四军军部要六师十八旅去开辟江（都）、高（邮）、宝（应）地区，旅部抽调干部组成战地服务团去新区开展工作。这时，干训队结束了，我和许多同学都进了服务团，我们部分同志被分配到该团的“临北工作队”。服务团团长刘烈人同志把我们召集到一起，讲有关情况和任务。他说，我们要去的地方是宝应县的南部，在临（泽）界（首）公路以北。它的东、南、西三区是日伪军占领的据点和公路，北面为“反共”顽固派所控制。地方不大，战略地位重要，是我们新四军一师、二师、三师、四师四个师的结合部。当地情况复杂，乡村政权已经伪化，乡村中有许多刀会。我们进去以后，先要站住脚，要做上层的统战工作，但主要力量要花在争取刀会人员上面。要尽快开展群众工作，发展我们的力量。他还说，我们这个工作队，由胡明当队长，苏逸敏（我当时用的名字）担任党支部书记。考虑这个地方情况复杂，他要和我们一起进去，和大家一起工作。

我听了以上情况介绍，觉得开辟新区的工作困难很多，让自己任党支部书记，真是一点思想准备都没有。当听到刘团长亲自带我们进去，又放心了一些。我下定了好好学习、接受锻炼的决心。

好像是在刘团长给我们讲过话的第二天拂晓，由十八旅五十四团团长吴彪（吴咏湘）带领的第一营部队，打下临（泽）界（首）公路上的伪军据点王家营，掩护我们工作队进到郭氏桥附近的村庄。当天傍晚，刘团长把我们这个组五个人叫到他身边，把我们交给一个姓徐的伪乡长。为了淡化我们的政治身份，只说我们中三个男同志是交通员、两个女同志是护士，现在没有伤员，跟交通站一起行动。还介绍我们组长、日后成为我终身伴侣的王维是交通站站长。刘团长以新四军部队负责人的身份，交代这个伪乡长，要他对我们五个人的安全负责。伪乡长点头称是。话一讲完，我们的部队就开拔了。伪乡长把我们安置在和他住宅隔一条小河的谷仓里。

第二天早饭后，伪乡长来看我们。我们组长王维向他宣传抗战形势，希望他“身在曹营心在汉”。正讲着，忽然有个人神色慌张地向伪乡长低声报告：“日军到了郭氏桥。”伪乡长有些紧张，面向王维。王维对他说“你去吧”，同时示意他去应付一下，但心中要有数。伪乡长说，郭氏桥离这里只有三里路，他准备叫看谷仓的老头带我们到稍微远一些的地方去避一避，我们同意了。这个老农民把我们带到一个祠堂里，里面住有老百姓。到午时，老农说去看看日军走了没有。我们自己弄了饭吃，可快到傍晚，还不见他回来。王维提出，我们自己问路，回到伪乡长家去，如我们不去，受了损失，他可以推说是我们自己走散的，我们回去了，他要对我们的安全负责。我们几个都同意组长的主意，回到伪乡长家，他只得接待我们。

这可算是我们进入新区以后的第一次考验。我们组长的处事能力，组内同志都颇为称赞。不久，我们小组增加了一个女同志。六个人中以王维年龄最大，他二十二岁，我次之，十九岁，另外四人有的只十五六岁，都是离家不久的青少年。我们进入临北以后的第一个月，每人发三元津贴费。组内最小的一位男同志，因为组长发给他的钞票是旧的，发给别人是新的，觉得受了委屈，背地里流眼泪。这个小故事还是过了三十年后，这个当年的小同志担任中联部的司级干部，陪同重要外宾到上海的时候告诉我们的。

第一次指挥战斗

我们组分担临北南部郭氏桥到夏家集一片地方。王维重点做伪乡长工作，我们几个人分头在东西两端开展工作。我幼年时学会的苏北话，这时发挥了作用。我在郭氏桥街上和一个农民交谈，他说自己到过河那边。所谓河那边是指运河西岸新四军驻守的地区。他对新四军印象相当好。当他知道我是上海人后，便告诉我当地有一个在上海做过工的人

家。我请他带我去看看他们，他说好，路不远，不多一会就到了。地名叫芝麻塥，是个只有一户人家的小村子。进了草房，他对主人介绍我说，这个女新四军是从上海来的。那位工人很亲热地和我交谈。他说自己叫陈士裕，到上海和无锡做过工，他老婆也在上海做过女佣，打仗了才回乡的。他是个见过世面的中年人，和我毫无拘束地谈了好一阵。过后我与王维去看他，一回生二回熟，他成为我们交上的第一个朋友。陈士裕说，因为家乡比较乱，他也组织了一个刀会，他是刀会的头，另外还有经师。我们组的孙也坪同志，在夏家集附近的土塘沟，也交上了一个叫杨华龙的青年朋友，是刀会会员。我们就以这几个朋友为起点，进而与其他刀会会员交朋友。我们主要向他们讲抗日救国的道理，讲新四军打日军的故事，动员他们帮助新四军打日军，说明只有打日军才能保家乡。临北地方虽然是个新区，但它的四周都已经是新四军的抗日根据地，争取刀会的工作进展得比较顺利。经过发动，有两个刀会表示愿意配合新四军打日军。

我们是1941年冬进入临北的。约在当年年底（或第二年年初），我军进入才一个多月，占据临泽、界首、汜水的敌伪军，从东南西三面一齐出动，对我军进行“扫荡”。我们得知敌伪军出动的日子以后，我们小组商定兵分三路：我和陈士裕、孙也坪和杨华龙，各带一个刀会，配合新四军打日军；王维负责去找主力部队，说明有两个刀会会配合主力反“扫荡”。那天，王维起早去联系部队，好不容易才找到部队，把情况向刘烈人同志汇报，他听了很高兴。

但敌人的动作很快，我们没有想到敌伪军会那么早就来了！我从来没有打过仗，却要立刻指挥战斗。我们村庄在小河的西边，敌人就在河东边，从南向北开过来。我和陈士裕就指挥刀会向河东敌人开枪，敌军还击，一个刀会会员被打伤。敌军是来找我主力部队作战的，打了一阵枪以后，就向郭氏桥中心地区进发了。我们组的孙也坪同志带领土塘沟的刀会，也开枪与临泽据点的敌人打起来了。土塘沟靠近夏家集，庄子比较大，敌军进庄了，打死了我们刀会两个会员，还烧了一些房子。我们主力部队开始避敌锋芒，不马上出击。刘烈人同志考虑到刀会会配合新四军反“扫荡”，我主力部队决定在临泽下来的那路敌人返回据点的路上打他一下。结果这样打了，效果很好。傍晚，王维返回，先到孙也坪那里，安慰他们，并和他们商量先做哪些善后工作。王维回来后，知道我这边的刀会会员只受了轻伤，已经安置好了。这次因为没有经验，受了损失，但刀会起来打日军，起了很好的带头作用。

这次反“扫荡”过后，刘烈人同志指示我们，要赞扬刀会配合新四军反“扫荡”，提倡刀会向新四军学习打仗的方法，进而组织我们自己的游击队。约过了两三个月，我们临北工作队分三个组，共建立起四支游击队，其中以我们组带的游击队人数最多。刘烈人决定把四个游击队合编为宝应警卫大队，这个大队有一百几十人，由陈士裕担任大队长，王维为政治指导员。

“模范伪化区”变为抗日民主根据地

这个时候，领导布置我们发展党员。

我们先把陈士裕、杨华龙加上一个主动靠拢我们的小学教师雍友美列为培养对象。一经向他们讲解党的知识，他们都很乐意参加党的组织。我作为党支部书记，在和王维一起当他们的介绍人的同时，还要做好有关新同志入党手续等工作。我找来一块不大的红布，用墨水画上镰刀和斧头，把这面自制的党旗放在野外坟头上。我主持，王维领誓，分别为几位新党员举行了入党宣誓仪式。此后，发展的新党员陆续增加，为我们在这个地区建立地方党组织打下了基础。

在我军进入这个地区之前，镇上伪政权常派伪警下乡来收税。我们在有了一些工作基础的中心村庄，首先开展“抗税”活动，取得成功，再扩大到其他地方。在“抗税”取得胜利的基础上，我们发动群众，改选乡长保长。郭氏桥乡的伪乡长徐震之，在我军进来以后能够配合我们工作，表现比较好，便继续选他当乡长。其他乡保长，有的留任，有的另选他人。

到了1942年夏季，上级领导决定在临北地区建立相当于县级的行政公署和党的工委，领导临泽、汜水两个区委和区政府，任命我为汜水区区委书记。这时，部队领导决定把宝应警卫大队上升主力，成为换防过来的五十四团第三营的第八连，派来有作战经验的连长和指导员。王维改任团的宣教干事，和陈士裕一起留在连队帮助工作。经过半年多一点时间的战斗和工作，我们临北工作队不仅发展出一支抗日的武装力量，而且把一个“模范伪化区”改变为抗日民主根据地。

新四军把我培养成为一个女战士

从此以后，我经历了反“扫荡”。反“清剿”斗争的考验，1943年又被派到宝应东部的湖荡区、射阳区去参加开辟新的根据地。1945年8月15日日本投降，8月下旬，我们苏中军民解放宝应县城。县委派我和钱江澜同志接收伪《宝应报》，创办《新宝应报》。1946年初，我被调到淮安新华支社工作。淮安在运河边上，有一次和王维在河边上散步，王维说：1942年秋，他在军部听陈毅代军长报告，军长说，我们新四军将来要打到上海去，要在跑马厅开庆祝大会。我们盼望着这一天的到来。

1949年5月27日上海解放了。9月下旬我回上海探亲。10月1日那天，就在原跑马厅召开上海人民庆祝中华人民共和国成立大会。全市各行各业的游行队伍，都到跑马厅集中，再游行到南京路，人山人海，非常热闹。我和妈妈、弟弟走到南京东路云南中路口，我们站在当年“五卅”反帝风暴纪念地的街沿上，欢迎解放军。抚今思昔，在同一个地点，却是两种完全不同的心情。解放上海的第三野战军就是原来的新四军。是新四军把我培养成为一个为中华民族解放而奋斗的女战士，此时此刻，我是多么的光荣和自豪。

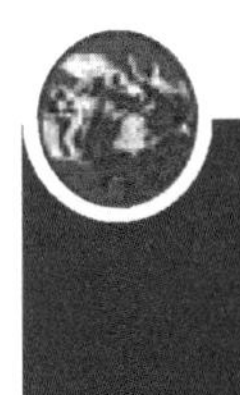

怀念英勇牺牲的“蛮姐”

文／于德文

离休后经常怀念老战友，其中有一位女战士，我叫她“蛮姐”。为了执行抗日任务，她深入虎穴，被日军逮捕，英勇地献出了宝贵的生命。当年我对于这位女同志究竟如何来到威海，一直是个问号。直到2005年夏季，我回威海市参加纪念抗日战争胜利60周年活动时，方才从历史资料中得知她的真名叫杨树光，是在延安参加抗大学习，结业后派赴山东，辗转来到威海，参加当地的抗日工作。

1941年夏季，我在山东省威海卫特别行政区抗日军队和政府部门工作时，曾同“蛮姐”共同工作、并肩战斗了一段时间。她的政治风度、思想品格和战斗作风，对于我的政治成长启迪很大。

当时，威海卫办事处决定举办小学教师训练班，教育科长王东生和王威同志是训练班的领导人，具体的教育工作则由杨树光同志负责。我是本地人，情况熟悉，担任她的助手，负责管理、训练工作。那时她只有二十几岁，面容姣秀，身材修长，两只水汪汪的大眼睛好像会说话似的。她穿着一身褪了色的灰军装，操着一口南腔北调的“革命普通话”，上起课来满口新名词，什么“黑格尔”啦，“费尔巴哈”啦，不仅我从来没听说过，就连那些自命清高的小学教员们也是第一次听到。她有一副好嗓门，唱起《黄河颂》来，雄壮有力；唱起《延安颂》来，更是富有情感。这位“女兵”在我们“小八路”当中，无论从外表装束来看，还是从内在气质来看，都大有“鹤立鸡群”之势。她对待同志诚恳热情，特别是对像我这样当年只有十三四岁的小同志，更加亲切关怀。按照习惯，我应该称呼她为“杨同志”，但是房东老大娘把她视同自己的女儿，亲切地叫她“嫚子”，我便叫她“嫚姐”，后来又开玩笑地叫她“蛮姐”。她听了哈哈一笑，算是认可了。

教员训练班办得很有收获，受到领导人的

表扬，接着又要我们举办伪军家属训练班，打算通过家属做伪军的思想瓦解工作。伪军家属训练班的总负责人是当地德高望重的辛亥革命耆宿、临时参议会会长梁宗翰老先生。

伪军家属训练班很难搞。参加学习的人都是我特务队和区中队深入敌占区强制“请”来的。这个训练班的具体教育工作由杨树光同志负责，我仍然协助她进行管理、训练。

一次，这个几十个人的训练班加上少数警卫人员开到离敌人一二十里路的窝落子村去宿营，训练班中有人走漏了消息，敌人发起了拂晓突袭。

我们的警卫战士警惕性很高，没等敌人进村就鸣枪示警。我们闻讯便赶紧往南山上撤。“蛮姐”沉着果敢，猫着身子，来回奔跑，管好“学员”，在纷乱中没有逃掉一个“学员”。

在这危急时刻，我们的特务队赶来增援，从侧面还击敌人。日伪军不敢穷追，就向我们打小钢炮。我听见一颗小炮弹嘶嘶地尖叫着飞了过来，便赶紧趴在地上。那颗炮弹落地开花，我觉得好像有什么东西打到了身子，来不及细看，爬起来就朝斜里跑。没跑多远，就觉得头上湿漉漉，裤子黏糊糊，旋即感到头顶痛，腿弯痛。原来是一小块炮弹皮在我的头顶上削了一下；一块飞落的石片砸在腿弯上。“蛮姐”看见我负伤，不顾危险冲过来搀着我，紧急撤退。这时，我发现“蛮姐”自己也受了伤。

敌人被我特务队打退了。这时大家坐下休息，发现有不少学员跌伤。她们又气又累，骂起伪军丈夫“狗崽子”来。

经过“蛮姐”耐心教育，这个伪军家属训练班终于圆满地结业了。

训练班结束后，“蛮姐”又主动承担了一项特殊的政治任务。

日军侵占威海市区的第二年（1939年），便在崮山后集镇上修建了据点。镇上有一个姓邹的汉奸当了伪联保主任

（相当于区长）。这个坏家伙甘心认贼作父，死心塌地地为日军效劳，而对共产党八路军则咬牙切齿，恨之入骨。我党我军在该镇征收的抗日公粮、布匹、经费，被他扣压；我们在镇内发展的抗日“关系户”，被他密报破坏；我们在这一带开辟的抗日通道，被他派走狗监视堵截。我们几次想除掉这个毒瘤，均因他的狡猾而未能得手。有一次，我们十几个被誉为能“飞檐走壁”的特务班战士冲进了他的宅院，他正在打麻将。战士们举枪逼着他跟我们走。这个家伙料定我们不敢在敌人碉堡前打枪，便突然从后窗逃了出去，躲进了敌人的炮楼。“跑得了和尚跑不了庙”，战士们把他视若掌上明珠的女儿作为人质押回抗日根据地，想通过感化他女儿争取他本人转变态度。

这个汉奸的女儿倒也天真纯洁，颇讨人喜欢。她被带到根据地后，就由“蛮姐”负责教育，并派我协助监管和保护。

“蛮姐”同邹女生活在一起，学习在一起，一起夜行军，一起教农民学文化，日子长了好像有了“感情”。邹女提议两人结拜干姐妹，经组织审核后同意。此后数月内，邹姓汉奸联保主任“态度大变”，几次派人送公粮、送布匹、送钱款给抗日政府，并表示以后决不投靠日军。稍后，我们解放区召开临时参议会，他派人送来贺信、贺幛和贺金。与此同时，他几次恳求放他女儿回家，声言“准备出嫁”。我方领导人本想让邹女单独回去，可是，她们“干姐妹”俩恋恋不舍，本地“妹妹”要外来“姐姐”同她一起“回家团聚”。“蛮姐”也想趁此机会“深入虎穴”打开崮山区的工作局面。经组织审议，同意了她们的要求。

一天夜里，我和特务班把“蛮姐”和邹女两人护送进崮山后村。“干爹干妈”最初对“蛮姐”的接待相当热忱，“蛮姐”趁机了解了不少情况。

不料，没过几天，消息就被透露出去。日军逼迫联保主任“把女八路交出来”。这个联保主任竟丧尽天良，把“蛮姐”押送进了日伪据点，接着她被敌人押送到威海市内日军司令部。敌人对“蛮姐”软硬兼施，逼她招供、投降，她坚贞不屈，最后被日本法西斯强盗扔进狗窝里，被活活咬死。那个出卖“蛮姐”的伪联保主任也被日军以“暗通八路”的罪名，装进麻袋，抛入大海。

此事虽然已经过去六十多年，我仍然始终怀念着这位由南方来的视死如归的女同志。

十八岁的记忆

文/梅　珍

1941年初冬，新四军江南指挥部机关渡江北上，组织上决定卫生队医生牟桂芳留在疗养队，医治和看护二十几名伤病员。一个暮色苍茫的晚上，疗养队分乘五条小船，向着茫茫的长荡湖进发，准备在湖里“埋伏”下来。

长荡湖位于江苏溧阳、金坛境内，方圆几十里，长着茂密的芦苇，眺望远方，天水相连，茫茫一片。在这里隐藏几条小船，敌人是无法发现的。这支留守伤病员队伍，由曾担任过团机关指导员的游柏村负责，治疗和护理工作则由牟桂芳负责。后勤给养工作本来另有人负责，但他病倒了，只好由牟桂芳兼管起来。那年，牟桂芳只有十八岁。随着时间的推移，疗养队遇到了一个又一个困难。首先是没有药品。由于伤员长期生活在船上，伤口化脓，有的长了蛆，牟桂芳想方设法进行护理。没有消毒棉花，她就拆下棉衣里的棉花，煮了当药棉用。没有洗伤口的药水，她就用食盐溶解后使用。没有换药用的钳子，就把筷子劈开，中间塞点东西，当钳子使用。这样维持了半个月左右，伤员的病情好转，伤痛渐渐减轻了。

为了安全起见，伤员们分散隐蔽在几条小船上。每天天蒙蒙亮，牟桂芳就撑着一条小船向伤员们隐蔽的地方驶去。长荡湖的水面上，船是唯一的交通工具。为了工作方便，这个来自大上海的姑娘，很快就学习掌握了撑船技巧，来往行驶在湖上。

每当她来到一处隐蔽点，伤员们都像迎接亲人似的向她招手致意。她忙着为伤员们换药，清洗伤口，并把用过的绷带、棉花等物品包好带回去洗干净，以便下次使用。可别说这是小事，牟桂芳每晚都得洗到半夜，有时洗着洗着就睡着了，被冷风吹醒后，又继续洗下去。

初春的长荡湖，天气尚冷。牟桂芳把

自己的棉衣、棉被里的棉花都掏出来做药棉用了，夜里常常被冻醒。但为了革命，为了抗日，即使天气再冷，她也经受得住。

不久，食盐和干粮所剩无几了，药品也没有了。牟桂芳向游指导员提出要冒险上岸，寻找党组织和老乡。但游指导员坚决反对，说："如果发生什么事，这么多的伤病员靠谁来治疗？"但面临的困难确实严峻，他要求大家出主意、想办法，共渡难关。正在这时，一个哨兵前来报告，说："日军的机帆船向芦苇荡驶来了。"游指导员下令所有小船迅速分散到芦苇荡中隐蔽起来。敌人的巡逻船过去后，小船又自动地靠在一起，大家七嘴八舌地议论起来。牟桂芳站起来说："今晚，让我上岸试一试，找些吃的和药品来，再打听一下部队的情况，总比在这里束手待毙好。"游指导员还是不同意她上岸，要另选别人去。牟桂芳恳切地说："这一带我比较熟悉，又会讲本地话，还是让我去吧！"最后，游指导员勉强同意她和一位轻伤员上岸试一试。

当晚，北风呼啸，天黑成一团，伸手不见五指。牟桂芳穿着便衣，手拎竹篮，和一同去的轻伤员扮成夫妻模样，摇着小船向岸边驶去。

他们悄悄上岸后，四周寂静无声，一连摸过几家住房，全部空无一人，连狗吠声也没有。原来敌人实行灭绝人性的"三光"政策，老乡们四处逃难去了。他们寻找到下半夜也没见到一个老乡，只得空手回到湖里。

同志们见到他们回来，都非常高兴。但当听了情况之后，一个个都沉默了。游指导员说："只要人平安回来就好，你们走了大半夜，也够辛苦的，快休息去吧！"

就在这时，一个稚嫩的声音响了起来："指导员，我常听爷爷说，湖里是个宝，有吃有烧死不了。湖里什么都能充饥，芦苇的嫩芽好吃着呢！大家看！"透过拂晓的亮光，原来是被大家称为"小鬼"的年纪最小的伤员在说话。他摇着手里几根白白的芦根，神气活现地继续说道："不信，大家尝尝。"游指导员和几个伤员尝了尝，甜甜的，觉得不错。游指导员说："轻伤员一起去挖芦根吧。"大伙高兴地撑着小船，分头挖芦根去了。

伤员们不仅挖到不少芦根，还抓了一些草鱼。鱼是高蛋白食品，尽管没有油和盐，白水煮鱼汤，依然成了大家的美餐。伤员们吃了芦根，喝了鲜鱼汤，病情恢复得更快了。

后来，群众知道了，把他们下湖用的干粮留给伤员，还常常躲过敌人的哨兵、巡逻船，为伤员送些粮食和必用品来。不久，地下党组织也和他们取得了联系，使这支孤立的伤病员队伍又重新回到了组织的怀抱。牟桂芳还光荣地加入了中国共产党。

几十年后，牟桂芳在《长荡湖的往事》这篇回忆文章中说："那时我是个十几岁的女孩子，如今已是年过花甲的老人了。每当我回忆起这段往事，总觉得像昨天发生的事情一样。曾经被我精心护理、治疗过的伤病员同志，不少人成为身经百战、战功卓著的高级干部。同志们有机会欢聚一堂，总是开玩笑地说，'如果当时没有你，我们就不会有今天了。'我也笑着说，'没有你们大家，不也就没有我了吗？'十八岁那年留给我的记忆是多么深刻啊！"

逃出虎口参加新四军

文／张连振

十二岁那年，我们家乡来了日军。天上日军飞机成天嗡嗡叫，县城东台和新四军根据地小海、石家湾子等地都不断遭到狂轰滥炸，地上从早到晚都是日军兵走来走去，江海湖泊也都是日军的兵舰和军船。他们在交通要道上三里一个碉堡群，五里一个据点，还建立伪政权，强行统治着当地人民。

苏北的大中集是我们那里的重要集镇，有一万人口，约有两千余日伪军驻守，他们强迫老乡挖护城河、堆土圈子、筑碉堡砌炮台，周围还拉了铁丝网和电网，防止新四军的突袭。老百姓进出据点时，要向日本哨兵行鞠躬礼，有些硬骨头的老乡不买日本人的账，不行礼。恼羞成怒的日本哨兵，端上带刺刀的枪冲过来就用枪托毒打，还骂“八嘎，死啦死啦的”（意即杀死你这个蠢猪），许多人被打得鼻青脸肿，有的甚至被打成终身残疾。

当时我的父母在大中集一家面粉厂给我找到一份筛面粉的差使，我在厂里当童工。这家面粉厂就在日军驻扎的农民银行的河对岸，日军干的许多惨绝人寰的事，我们隔河看得一清二楚。1942 年春天，他们抓了十余名中国人，硬说是新四军，戴上手铐脚镣绑在农民银行院内水泥柱上毒打，我经常听到农民喊：“我们中国人是杀不绝的，中国不会亡，中国共产党万岁”的声音。一天下午，日军把被打得遍体鳞伤的人，拖到农民银行东边的空地上，堆上干柴浇上汽油活活烧死。又一天，日军抓到七名新四军伤病员，戴上手铐脚镣带到那块空地上，日军挖了七个大坑，把新四军战士推进坑活埋，其兽行令人发指！有一次他们抓来十几名没有按时给日军送粮草的老乡，硬说是地下共产党，把这十几个老乡五花大绑，然后装进麻袋，再用绳子扎紧麻袋口，扔进河里活活淹死，日本兵站在岸上哈哈大笑，说给“中国人吃粽子”。日军野兽般地残害我们同胞，在我幼小心灵上种下仇恨的种子，我决心逃出虎口参加新四军，为中国人民报仇雪恨！

1942 年 6 月的一天，我怎么也吃不下饭，翻来覆去睡不着觉，我只想逃出去。一大早，我就向哨卡走去，这是进出据点的必经之路。一个胖胖的八字胡子的哨兵，手持三八大盖枪对我说：“小孩！你的什么的干活！你的快快地去，快快地来，你的不来死啦死啦的，你的知道不知道？”“我知道”。我嘴上说“快快回来”，心想“快快杀死你们这些王八蛋”！

听人家说，陈毅的新四军在大中集东南石家湾子和小海一带活动，我就向东南方向奔去，走了五六十里路，走到一棵树下，突然，大树上有人向我发出“站住不准动”的吆喝声，我吃了一惊，抬头一看是新四军的哨兵，我高兴极了！换岗后他把我带到连部。这里是新四军一师台北垦区游击连，连长钱友

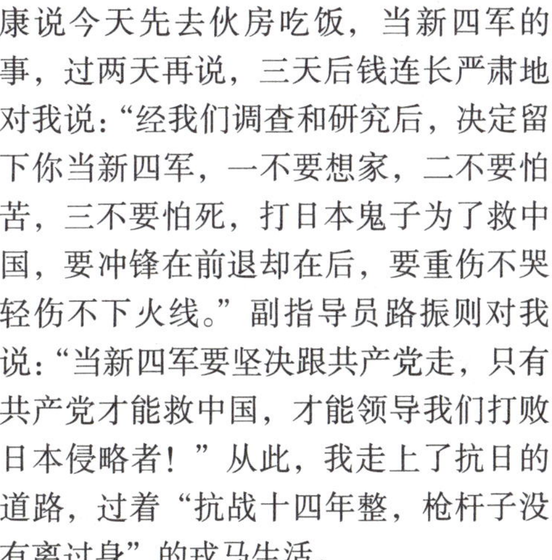

康说今天先去伙房吃饭，当新四军的事，过两天再说，三天后钱连长严肃地对我说：“经我们调查和研究后，决定留下你当新四军，一不要想家，二不要怕苦，三不要怕死，打日本鬼子为了救中国，要冲锋在前退却在后，要重伤不哭轻伤不下火线。”副指导员路振则对我说：“当新四军要坚决跟共产党走，只有共产党才能救中国，才能领导我们打败日本侵略者！”从此，我走上了抗日的道路，过着“抗战十四年整，枪杆子没有离过身”的戎马生活。

1945 年 8 月 8 日，苏联政府宣布对日作战。我们党中央号召新四军、八路军和全国一切抗日力量对日军展开大反攻，消灭一切不愿投降的敌人。我这时已经入党，当了班长，我们班是攻打农民银行的突击班，农历八月十六日下午，我们在友邻部队协同下，攻进了日伪驻扎的农民银行，全歼农民银行大院内的敌人，圆满地完成了突击任务，为那些死去的中国同胞报了仇。

首长步行我骑马

文 / 陈英福

旧社会流传着不少关于旧军队的顺口溜，如“好铁不打钉，好男不当兵”、“大官骑大马，小兵随后爬”。这些顺口溜，都在我童年心田里留下了深刻的烙印。可是，1945 年我参军后，很快就对人民军队的形象有了全新的认识。这个新认识的产生，来自一件我亲身经历的事情。

1945 年秋，遵照党中央的指示，我军江南部队主动撤向江北。当时，我是一名 16 岁的新兵，生平第一次背着背包、米袋作连续几十天的长途行军。我们越过江南水乡，渡过波涛汹涌的扬子江，踏上了苏北平原。旷日持久的长途跋涉，我的脚上磨出两个血泡，脚脖子又肿又疼，在后来的行军中经常掉队。一天，我们队伍向当时的苏皖边区政府所在地淮阴市（今淮阴区）行进。张指导员帮我找来一根木棒当拐棍，领着我和另一位掉队的女同志缓慢地追赶队伍。指导员一边把我的背包、米袋抢过去，一边安慰和鼓励我。虽然我脚疼得厉害，但仍坚持前进，只是距离部队越来越远。

忽然，公路上扬起一阵黄土，两位骑马的首长过来了。张指导员认出是分区的朱处长和陈科长。“这两位小同志怎么啦？”首长向张指导员发问。“报告首长，这两位小同志是第一次经历这么久的长途行军，实在太累了。这位战士脚肿了，脚底还磨出泡，所以走不快。我领着他们在后面慢慢追赶部队吧。”

指导员回答完首长的问话后，又带领我们继续前进了。没走多远，突然，两位首长的坐骑停在我们的身边。“这样吧，我们下地走，叫这两个小同志骑马赶上队伍。”两首长边说边跳下马。张指导员和我们虽然一再谢绝，首长硬是叫警卫员把我们两个小战士扶上了马背。骑在马背上行军，我们舒服多了，可两位年长的首长却在尘土飞扬的道路上辛苦地跋涉着。此情此景，使骑在马背上的我感动得热泪盈眶。

到达淮阴城以后，首长又让警卫员把我们一直送到宿营地，才把马骑回去。分别时，首长还专门对指导员说：“住下后，让他们用热水泡泡脚。叫卫生员给治一治。”真是“声声嘱咐暖人心，爱兵如子父母情”。当时，我感动得一句话也说不出来，脑子里只是在想：“多么温暖的革命队伍啊！多么可敬可亲的首长啊！”我暗下决心：一定要克服一切艰难困苦，把自己锻炼成一名坚强的革命战士。

大米饭的故事

文 / 陈英福

1947 年初，我在华东野战军第二野战医院工作。我们部队遵循运动战的作战方针，从江苏一直撤到山东的沂蒙山区。当时粮食很困难，主要吃高粱和地瓜，根本看不到大米，可是我们军医班的 7 名同志都来自鱼米之乡，吃大米长大，进入沂蒙山区后，吃不到大米，很不习惯。

有一天，我们医疗队刘队长整理马褡子时，发现他的米袋里还有两斤多大米，不禁喜出望外，他对通信员小李说："把这点大米送到军医班去，让他们改善一下生活。这几个月军医班够辛苦了，夜里连续行军，白天治疗伤员。让他们吃一顿大米饭，也算慰劳吧！"队长还掏出自己的津贴费，叫通信员买两斤鸡蛋一起送到军医班。

我们看到送来的大米和鸡蛋很高兴，时近中午，就淘米煮饭，并邀请通信员一起分享。

饭做好后，一位姓华的女同志开玩笑说："不能让男同志一个冲锋消灭光，得给我们留点啊！"我笑道："为了避免多吃多占，请许大姐掌勺分配好吗？"在大家的赞同下，全班年龄最大的许军医拿起勺子，她面对香喷喷的大米饭，若有所思地迟疑了一下，就开始分配。她先给房东六岁的孙子分了一勺，接着就给我们每人碗里分了两勺，最后竟向自己碗里分了三勺，虽有人出现了惊讶的目光，但是谁也没有吭声。

大家端着自己的饭碗，看着珍珠似的饭粒，颇有久别重逢的兴奋感觉。我举目环顾，谁也舍不得速战速决打歼灭战，都在细嚼慢咽地品尝着。突然我发现许军医已不在屋内，我想，她这个上海人实在太馋大米饭了，所以给自己多分了一勺，躲到别处去吃了。

通信员把一盆金黄的炒鸡蛋端到大家面前。在艰苦的战争年代，炒鸡蛋可被视为上等的美味佳肴。我立即去找许军医来吃鸡蛋，找了两家都扑了空。后来，一位农民告诉我，许军医正在他家给伤员喂饭。我跑进去一看，那位被敌人炸掉了右臂的伤员，正在高高兴兴地吃着大米饭。他边吃边说："这饭真好吃，不用菜我也能吃三碗！许军医，这山里也能长大米吗？""不！这大米还是从你老家江苏带来的，就剩一点点了。因为你是南方人，可能馋大米，所以大家就给你留一碗，希望你的伤口早日长好呀！"

我站在许军医的背后，看着她喂饭的情景以及听了她和伤员的对话，我的眼眶不知不觉地湿润起来。

连长的入伍动机

文/唐万清　图/沈尧伊

1947 年秋天，我军开始了政治整军运动，人们称之为“三查”。一查：阶级出身成分；二查：阶级立场；三查：入伍动机。

王强连长谈完一查、二查之后，他说：“入伍动机我一下子还说不清楚。”

大家问：“你是怎么入伍的呢？”

王连长说：“逼上梁山。”

大家说：“你就谈谈逼上梁山的过程吧！”

王连长说：“这话可就长了，就从我八岁谈起吧。”

我八岁跟爷爷学武术，自己家里有拳房，吃过晚饭后就到拳房去了，先练胳膊腿的功夫——打沙袋，二十四个沙袋一个个打过去，胳膊腿练活了、练硬了，再学十八般武艺，一直学到十八岁，这叫童子功。

二十岁那年，我姐夫在伪县警备队当了中队长，把我和哥哥王刚叫了去。姐夫叫我兄弟俩给他当传令兵，一个人给一把二十响手枪，是德国造的。姐夫要我兄弟俩天天练枪法，练了长枪再练短枪，先打死目标，后打活目标。他看我兄弟俩都练得不错，就叫我俩当他的护兵。

记得那年中秋节，维持会给鬼子送了些过节吃的东西，也给警备队送来一些过节吃的东西。姐夫叫我兄弟俩去他公馆吃晚饭。没想到，晚饭没吃成，还惹祸了。那是因为我们兄弟俩去看鬼子摔跤。事前哥哥提醒我说，我们只能看，不能笑，因为鬼子有“武士道精神”，我俩看得却笑不得。我说，爷爷讲过，中国人要有民族精神，为啥不能笑？果然，哥哥讲得不错，我看着鬼子笨拙的动作刚笑出声，鬼子就说我的心坏了坏了的，还拉我过去，硬要跟我摔跤比个高下。好！摔就摔吧！第一个上来的鬼子个子挺高，我就来了个“黑狗钻裆”把鬼子摔了个四脚朝天。第二个鬼子上来了，我一甩手，摔得小鬼子在地上滚了两滚。这下子可惹出祸来了，八个鬼子排起了队要跟我比试。我练过武艺，根本没把几个小鬼子的花拳绣腿放在眼里。小鬼子第一个倒下，第二个上，第二个倒下，第三个上……我抖起精神摔了他们一轮，没想到小鬼子不服输，还要跟我摔。见此情景哥哥赶紧给我使眼色，让我自动倒地一回，赶紧收场算了。没料想我正在犹豫之间，一个鬼子趁我不备上来打了我一个耳光，又骂“八格牙路”。我顿时火冒三丈，从哥哥手上接过“二十响”，一枪一个，八个鬼子一个也没跑掉！

收拾完鬼子，兄弟俩到姐夫家。姐夫问：“你们听到枪响没有？是不是鬼子打靶？”

我回答说：“是我们兄弟俩打的枪！”

“你们打枪干什么？”

“鬼子太欺负人了！”

“你们打死鬼子了？”

“是的，这一伙鬼子全让我俩给打死了。”

“这下子可闯祸了，你们叫我怎么办？”

“等，就是等鬼子来杀头！现在唯一的出路就是带着队伍和武器弹药投奔解放区，加入抗战的队伍！”

略加思索后，姐夫果断地一挥手说：“听你们的！”

王连长紧接着说：“就这样，姐夫带着我们一百多人，加入了抗战的队伍。要说我参加革命队伍的动机，就是爷爷说的，中国人要有民族精神！我们不愿意受鬼子的欺负。说实在的，当时我不懂革命，也不了解共产党，更不了解共产主义，这些道理，都是后来才懂得的。”

宁丢脑袋不丢伤员

文／陈英福

1948年夏，在河南东部一个村庄里，我华东野战军第二野战医院二队，收治了豫东战役下来的近百名伤员。出早操时，我们突然接到上级命令：一支敌军部队由徐州方向向西开进，很可能经过你们驻地，你们务必在中午12点以前，将全部伤员转移到安全地带。

在几个小时内，要组织上百副担架抬伤员，难度很大。部队党委作了紧急动员，一方面请当地群众帮助，另一方面组织全体工作人员参加抬担架，队党委要求千方百计安全转移，不能丢下一个伤员。

时近中午，尽管我们在当地群众的帮助下，已将大部分伤员转移了，但仍有两名伤员还未运走。这两名伤员，都是腿部被炸伤，有一名已经截肢。他们看到医疗队已想尽办法，实在没有运输能力了，便对组织转移的齐副队长说："敌人大部队很快就要来了，你带着通信员快走吧！给我们留下两颗手榴弹，敌人来了，我们就跟他们同归于尽！"齐副队长听了直流眼泪，大声地说："不行，再危险也得把你们转走，你们已经为人民负了重伤，不能再让你们受苦了！"恰好，帮助组织担架队的妇女队长走了过来，齐副队长眼睛一亮，有办法了，他对妇女队长说："你能不能跟小王抬一名伤员转移，我留下来背一名伤员隐蔽到高粱地里？"妇女队长点头同意。小王却坚决反对，他说："副队长，你是领导干部，担子重，你先走吧，我留下来背伤员隐蔽。"齐副队长说："时间紧迫，你们赶快走。我留下来可以根据实际情况灵活处理。"小王哭着说："副队长，你一个人留下来太危险啊！还是我留下来，你先走吧！"齐副队长激动地大声说："我坚决不走，宁可丢脑袋也决不丢伤员！小王快走吧，这是命令！"小王流着眼泪抬着担架走了。齐副队长也背起另一名伤员钻进了茂密的高粱地，紧握手枪守护着伤员。

下午，果然一支国民党军队开进了村子，一阵杀鸡宰猪大吃大喝之后，又继续西行了。直到傍晚，齐副队长才进村子，找到两位村民把那最后一位伤员抬走。

齐副队长那种"宁可丢脑袋，也决不丢伤员"的革命精神，不仅使我们深受感动，而且在以后的艰苦岁月里，激励着我们每一位医务人员全心全意为人民服务。

忆上海战役中的两位烈士

文 / 徐寿鹏

1949 年 5 月，解放上海战役打响后，两军在浦东进行了一场恶战，伤亡比较大。因部队行军速度很快，到浦东前线与国民党军接上火，军卫生部（即军医院）、师卫生科（即卫生营）未能同时赶到前线，军首长决定：由军师机关医护人员组成“临时战地医院”。当时我们文工团也被安排投入战地救护，我在浦东“临时战地医院”里抢救、护理伤员。在那里我遇到两件使我非常感动、永生难忘的事。

伤员中有位苏北籍的战士，三十岁左右，他因腹部伤势很重，已有几天不能进食。文工团徐然同志多次为他擦洗身体，端尿盆。一次，在喂他豆浆时，只见他额头上的汗珠落到碗里，他咽了几口就摇头，不要徐然喂了。随后，他从被窝里摸出一个小红绸布包，递给徐然说：“这个给你！”徐然诧异地打开一看，原来是一支有巴掌大的小手枪，还有两粒子弹。他断断续续地说：“这枪是我在川沙白龙港战斗中，从敌军军官身上搜缴的，还没来得及交公就受伤了，请你把它上交吧！”说罢，他就闭上眼睛再也不吭声了。徐然对他说：“同志，你放心，我一定把它交上去，你安心养伤吧。”接着，徐然把这把小手枪交给了万林副团长，转交军部。隔日，徐然再去看他时，这位伤员已光荣牺牲了。他很后悔，没有问清这位伤员的姓名，家住苏北何处，这是终生憾事。但伤员那种坚决执行“三大纪律八项注意”，“一切缴获要交公”的精神，永远铭记在我心中。

伤员中还有一位四川籍排长，名叫钟超，在高桥战斗中头部受重伤，生命垂危，时而清醒，时而昏迷。他家很穷，是 1946 年被国民党抓壮丁时当的兵。1948 年，淮海战役初期被解放，经过忆苦教育，提高了阶级觉悟，自愿参加了解放军。在淮海战役中期，他因作

战勇敢，一个人歼灭一个排，荣立一等功，并光荣地加入了中国共产党，不久又被提拔为排长。他从前沿阵地被送到“临时战地医院”，我负责护理、照顾他，喂他稀饭，清洗伤口污血等。他从昏迷中醒来，见到我为他掉泪，反而安慰我。他从不吭声，表现很坚强。后来，他感到不行了，很吃力地从自己衬衣口袋里，掏出珍藏多年的四块银圆交给我，嘱咐我说：“小同志，我快不行了，这是我最后一次交党费，请替我交给党组织。”我忍不住哭了起来。钟超同志又昏了过去，经再三抢救，也没有醒过来。我永远怀念他们。

周汉清请医生

文 / 古　月

周汉清是新四军皖南抗日游击队指挥机关中的一名警卫员。

1944 年 5 月，国民党顽固派纠集几个师的兵力对皖南山区进行空前残酷的大“围剿”，强行移民并村，设卡筑堡，妄图一举消灭皖南抗日游击队。在敌人重兵包围之下，新四军皖南抗日游击队为了保存实力，巧妙地从敌人眼皮底下穿过，隐蔽到绩溪、歙县一带的大山中。

当时周汉清除保卫首长和机关的安全外，还要四处寻找吃的。大伙住石涧，吃野菜，嚼葛根，处境十分困难。最怕的是出伤病员，那时机关既没有卫生员也没有药，谁受了伤或生了病，大家只有干着急。

真是哪壶不开提哪壶，偏偏就在这时候，政委李建春的右腿生了骨髓炎，大腿肿得有木桶粗，连裤子也穿不上去，躺在床上一步不能动。这下可把大伙急坏了。周汉清和另外一个警卫员趁挖野菜的工夫，偷偷溜下山，想到附近村上寻个郎中或弄点什么药，可是跑了几个村子，一个老百姓也没见到，原来是敌人把村子里的人全部集中到大庄子上去了。

一连好几天，李政委什么也不吃，光喝点水，疼得连声音也哼不出来。一天，有个战士不知从哪里弄来几把苞谷面，周汉清煮了碗糊糊端到李政委面前，要他喝下去。李政委摇摇头，用低得几乎听不见的声音说：“还是留给同志们吃吧，我……”周汉清接过话茬说：“政委，你的腿会好的。我正在想法子。”李政委望着小周微笑着点点头，那神情仿佛不是小周在安慰他，而是他在安慰小周。

想法子，到底能想出什么法子呢？周汉清又愁又急。他躺在一棵大树下，穿过枝叶间隙，望着多云的天空，脑子里忽地闪出一个念头：带几条枪下山，摸进顽固派军队驻扎的镇子，抓个医生来！对！就这么干，他霍地一下跳起来。

刚巧，首长老杨正笑嘻嘻地向他招手，周汉清忙跑过去，老杨神秘地说：“小周，交给你一个任务。”“任务？”老杨笑了笑，把嘴凑到小周耳边说：“你去‘请’个医生来。”“请医生？是不是给李政委治腿？这太好了，刚才我还在想带几条枪下山去抓个医生来哩！您快说医生在哪儿？”老杨见周汉清急呼呼的样子，先眯着眼儿笑，然后收住笑，批评似的说：“医生是要请的，怎能去抓？像你这样急吼吼的怎么能行？”一听这话，小周慌了，生怕不让他去，忙说：“您快说在哪儿，我一定把他请来。”这时老杨才一本正经地向他交代任务。地方党组织送来情报，离这儿三十里的镇头，驻有国民党的伤兵医院，并有个外科医生，医术很高。老杨要小周同老马想办法把他请来，并向他介绍了那个医生的模样和特征，然后反复叮嘱周汉清：“不要惊动敌人，偷偷地把医生‘请’来！”他把“请”字故意说得又重又长，好像小周不懂这个字的含义似的。周汉清听完以后，连忙高兴地来了个立正：“请首长放心，我决不把他‘抓’来。”老杨见他这神态，笑着说：“不抓，可也不能把他吓坏了，哈哈……”

当天傍晚周汉清跟老马咽下两碗野菜饭，按商量好的办法，带上两个武工队员出发了。为了这个“请”字，他们特地找来一张竹靠椅，绑上两根长毛竹，做成一顶简易的轿子。老杨边送他们边笑道：“嗯，有点像‘请’的样子。”

山里头的5月夜晚，仍然是冷气袭人，他们越沟爬坎，翻岭过溪，三十里山路足足走了三个多小时。周汉清的小褂都汗得贴在脊梁上，夜风一吹，真有点寒气透骨。半夜时分，他们来到镇头三里外的一片小树林。为了便于行动，两个武工队员和那顶轿子暂时隐蔽在那里，由老周和老马去医院“请”医生。

镇头是离绩溪县城不远的一个大集镇，四周群山环抱，一条公路横穿镇中，下通旌德，上连绩、歙两城，是个重要的交通要道。自从顽军发起“清剿”后，镇头就成了顽军的据点。最近，顽军连遭游击队袭击，伤亡很多，在镇内临时设了个医院，专门收伤员。

周汉清跟老马悄悄摸进镇子东头，只见一片平房，约有百把户人家，家家门前有柴堆木垛，显然是老百姓的住宅区。于是，他们走街串巷又来到西头，忽见一壁砖砌高墙挡住去路，顺墙没摸几步，就见大门前两个人影像幽灵似的晃来晃去。老马拉拉小周，意思这就是伤兵医院，小周仔细看看，果然与老杨向他们交代的一模一样。没容他多考虑，老马拉着他就拐进一条巷道，来到后院。

说也巧，离墙不远有棵老榆树，枝干伸进院内。小周来不及跟老马多商量，只向他歪歪头，便手扳枝头翻身伏上了院墙头，接着老马贴身树下，双手托住小周的脚，轻声说：“小心点，外面有我。”

周汉清见院内没有什么动静，就势一个腾身，顺墙溜了进去。看来医院是家作坊改的，院内还放有十几只大缸，里面全装着水；前面四间大瓦房又高又大，有两个窗口发出微弱的灯光。他看好退路，蹑身来到窗下踮脚一看，里面几十张床上全躺着包头吊腿的伤兵，另一个窗内也是同样情况。小周便轻手轻脚来到门边，轻轻一推，门朝里闩着。这下小周有点慌了，眼看东方已露出一缕暗白色的光带，离天亮顶多还有个把小时。他心一横，从腰后拔出短把刺刀，心想就是慢慢拨也要把门闩拨开，说什么也不能把空轿子往回抬呀！

正拨得起劲，忽听屋内有动静。倾耳细听，一阵拖鞋声正朝门口响来。他一阵心喜，连忙握紧刺刀闪在一旁，轻轻伏在一口大缸背后，准备见机行事。

不一会，门“吱呀”一声开了，只见一个肥胖的人站在门口伸了个懒腰，接着连打几个哈欠，摇摇晃晃地钻进了茅厕。小周猛然记起，老杨说那医生是个胖子，心想这个人要是医生就好了，先抓住问个明白再说。

周汉清稍等了一会儿，见门里没有动静，便悄悄挪动几步，陡然跃身蹿进茅厕。那胖子刚站起身，见猛地闯进一个人来，吓了一跳，没扣好的西装吊带裤，唰的一下滑到脚跟。

“不准动！”没等他清醒过来，小周枪已紧紧抵在他的腰间：“龇龇牙，老子就崩掉你！”

这家伙禁不住这么一吓唬，浑身肥肉直打战，喘着粗气连连点头。待定了定神，小周又低声喝道：“快，把裤子穿好！”

“是！是！”他边扣裤子边颤抖地说：“长官……长官，我……我不是当兵的，是……是医生……”

一听是医生，小周忙朝他脸上仔细看了看，借着微亮的夜色，发现他鼻子底下有颗痣，痣上还长着几根长毛。嘿！正是要‘请’的那个胖医生，心中不禁一阵高兴。为了不弄错人，他故意说：“嗯，我知道你是医生，而且是外科医生。”

“对！对！是外科医生！求长官饶命！”

“小声点！我就是‘请’你来的。”周汉清故意把“请”字说得重重的。谁知道胖医生误以为要杀他，扑通一声像肉球似的扑倒在地，双手抱住小周的腿说：“长官，我可没做坏事啊！”

“光没做坏事不行，还要做好事。”见他一副狼狈样，小周觉得好笑。

“行！行！长官有什么吩咐，我尽力，一定尽力！”

“那好，今天就请你去做件好事。”说着周汉清就叫他站起来，又把李政委的病情简要地说了说，要他立即带上药品和手术器械跟他走。为了以防万一，小周又用枪抵住他说：“我跟你一起去，有人问就说我是你亲戚，请你去看病。听着！稍微不老实，我就先要你的命！”“不敢，不敢。”胖医生连声答道。

周汉清把枪藏在衣服里面，用手紧紧捏着，拉着他就往外走。小周紧跟胖医生穿过堂屋，走进一间偏房。胖医生连灯也不敢点，又是药品又是器械的收

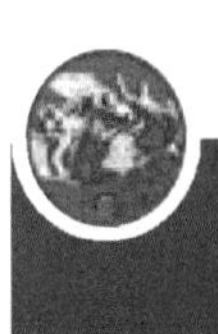

拾了一大包，然后悄悄地领着小周朝外走。这时，门口两个哨兵正抱着枪倚在门边做梦哩。

一出门，周汉清就带着胖医生大步拐进小巷，转到院墙后边。老马早等急了，见到小周什么也没问，接过布包就领头往镇外的小树林奔去。树林里，两个武工队员见他们来了，忙抬出那顶轿子。小周拉着胖医生说："刚才让你受惊了，请上吧！"

胖医生愣了一下，看看轿子，又看看周汉清手中的枪，忽地像惊醒过来似的，连连摆手："不敢当，不敢当，还是长官请，在下随后……"看他那股酸劲儿，小周差点没笑出声来。还是老马会待人，他笑嘻嘻地走到胖医生面前，说："别怕，我们说一不二，讲请就得有个请的样子嘛。"小周可耐不住性子，没等胖医生搭腔，伸手就把他推坐在轿子上，两个队员就势上肩起步，抬着就走。

这时天已经放亮，朝霞正在东方升起，晨风阵阵。大家一路小跑，转眼就翻过一座小山，迎面又飞来一座大岭。两个队员真不愧是山里人，抬着胖医生大气都不喘一声，直奔上了大岭。谁知道刚刚爬过两道盘山路，胖医生却从椅子里跷起半个身子，大吵大嚷要下轿。

周汉清伸手把他往椅背上按了按说："没关系，你躺着好了。"谁知道刚把他按下去，他挣扎着又坐了起来，还是嚷着要下来。小周奇怪地看看他，发现他两眼圆睁，神情慌张，紧盯着前面那个队员的后背，似乎那儿有什么可怕的东西，小周顺眼仔细看去，原来那队员弯腰上岭时，背在肩上的枪翘到了屁股后面，随着身体的起伏，黑洞洞的枪口对着胖医生在不断地颠动，好像子弹随时会飞出来。小周见他吓得侧歪着身体，光亮的额头上沁出了点点汗珠，那黑痣上的几根长毛也在不住地颤抖，不禁失声笑起来。老马问小周笑什么，小周呶呶嘴，他也笑了。等小周把两个队员的枪放到自己身上，胖医生果然不吵了。可下岭时他又要下来，这下小周狠狠瞪了他一眼没睬他。等到了目的地，小周见胖医生气喘吁吁，浑身汗水，再仔细看看，这才明白是靠椅绑歪了，人坐在上面直朝下滑，特别是下山，简直全靠双手撑住身体。首长老杨笑着批评小周："看来你还是不懂这个'请'字。"

老杨用整整一个上午时间，给胖医生讲解共产党的政策和介绍李政委的病情。胖医生是个聪明人，他说自己不过问政治只研究医术，给国民党当军医是出于被迫，并说李政委的病，他一定负责看好。下午他就给李政委的腿动了手术，脓放了，肿也消了。

第二天早上，胖医生观察过李政委的病情后，提出要回去。老杨要周汉清送送他，可他怎么也不愿要小周送，小周知道他有点怕自己，就叫另一位同志送。临分手时，小周笑着对胖医生说："我只是请，不送，一个星期后我再去请你。"胖医生听了连忙说："不用请，一个星期后我一准来换药。"小周说："那好，一个星期后我到山口接你。"

一个星期后周汉清到山口如约接到了他。不过这次小周将轿子反反复复检查过，并亲自抬他上山。老杨见他累得满头大汗，称赞说："嗯，这下小周是真正请医生了。"

小侦察员郭滴海

文/李　军　图/李忠翔

1930年冬天的一个早晨，福建省龙岩县（今龙岩市）的一个村庄里，一群敌军杀气腾腾地冲了进来。但是，他们却没有发现一个红军的影子。原来，驻扎在村里的红军部队接到命令，已经于前一天晚上撤走了。

抓不到红军，敌人非常失望。这时，从一间屋子里走出来一个衣衫褴褛的少年。敌人一看到他，就凶狠地叫嚷起来："红军侦探，快抓起来！"只见这个少年不慌不忙地说："不！不！我不是侦探。我是个小叫花子。"

一个当官模样的人一把抓住他的脖子说："哼！你还想装傻呢！"

"快说实话！不然我就一枪毙了你！"旁边的几个白军士兵也凶恶地叫喊着。

这个少年装出一副惊慌失措的样子，说："我真的是叫花子！不信，你们可以进屋去看看我睡的地方。"

敌人进去一看，只见屋里堆的全是杂草，又见他穿得实在太破烂了，就把他给放了。

这个少年是谁呢？他真的是叫花子吗？

他就是本文的主人公——少年英雄郭滴海。

郭滴海出生在一个革命家庭里，哥哥、姐姐都是共产党员，小滴海从小就受到他们的影响，懂得了许多革命道理。

一天半夜，红军部队接到命令，立刻从村子里撤走，可是到处都找不到郭滴海，大家很着急。郭滴海到哪儿去了呢？原来那天夜里，他在一间草房里睡着了。

红军撤走的第二天，天刚亮的时候，郭滴海一醒来，就遇到了敌人，于是就出现了开头的那一幕。

敌人没有立即从村子里面撤出去，郭滴海也不急着去找红军。他盘算着要

多停留几天，把敌人的活动摸清楚后，将情况报告给红军，然后将这一股敌人消灭掉。几天以后，郭滴海趁敌人哨兵不注意，悄悄出了村，找到红军的侦察员，把敌情详细地汇报了一番。红军根据情报，迅速地把这股敌军一网打尽了。

战斗结束后，红军战士们高兴地称郭滴海是英勇的小侦察员。

于是，郭滴海就经常扮成小叫花子深入到白军驻地为红军搜集情报。敌人走到哪儿，“小叫花子”就沿途跟到哪儿。

一次，有一个营的敌军在上杭、永定两个县交界的地方安上据点，日夜修筑碉堡、工事。郭滴海打探到这个消息后，心想：这可是个非常重要的情报，敌人又有好果子吃了。于是，他飞快地赶到县城，将这个消息报给了县苏维埃政府主席。当时，红军主力正在外地作战，只有一个独立团的兵力可以参战。要是硬攻吧，困难不小，况且敌人还在修筑新的工事，交起火来我军可能有大的伤亡。硬攻不行，县苏维埃主席和独立团决定用“引蛇出洞”的方法，把敌人引诱出来，然后布下埋伏，伺机歼灭他们。

那么，由谁来把敌人引诱出来呢？

这时，郭滴海主动站出来说：“把这个任务交给我吧！”

的确，郭滴海对敌人的兵力和地理位置了解得非常清楚，而且年纪小，不容易引起敌人的怀疑，更重要的是他机智聪明，胆量过人，是执行这个任务的最佳人选。

首长点了点头，把诱敌的方法、伏击地点以及时间和信号等详细情况向郭滴海作了交代。

半夜里，郭滴海又神不知鬼不觉地摸回了敌营，他气喘吁吁地跑到敌军营部，向敌人营长报告说：“报告长官，红军有五十多人到了前面的庄子，现在分散到各家睡觉去了。”敌营长半信半疑，对他说：“你再回去看看，如果情况属实，立即回来报告我们。”

郭滴海说：“长官，我得知情报就立即跑来给你报告。可是我出村子的时候，已经被红军的哨兵发现了，如果不是我跑得快，早就没命了。我现在不敢回去呀，要回去的话你们和我一起回去。”

敌营长信以为真，赶紧召集队伍集合。他对郭滴海命令道：“我们现在就去袭击红军，你在前面带路。”

为了不使敌人怀疑，郭滴海故意装出一副害怕的样子：“长官，我……我……”

“你怎么了？如果路带对了，大大有赏。如果路带错了，哼哼……”敌营长掏出手枪，威胁道，“我就要让你尝尝枪子儿的味道。”

“是，是，长官，你放心好了。我一定带好路的。”郭滴海答应着，心里却乐了起来。“待会不晓得是哪个吃枪子儿呢。”

郭滴海朝前走着，敌军跟在他的后面。走着走着估摸敌人已经全部走进了红军埋伏圈后，郭滴海趁敌不备一阵风似的钻进路旁的密林里，一边跑一边大声喊道：“打呀！敌人进包围圈了！快打呀！”

愚蠢的敌人这才醒悟过来，原来中了红军的引蛇出洞之计，但是为时已晚。红军独立团用猛烈的火力向敌军射击，把敌人打得哇哇大叫。

“冲呀！”

“放下武器，缴枪不杀！”

红军的口号响彻山谷。敌军死的死，伤的伤，活着的敌人早就吓得哆哆嗦嗦，乱成一团，只有缴枪投降了。

这场战斗打得非常漂亮，红军用很小的伤亡就在几十分钟内把两百多名敌军消灭了。

天亮了，红军开始清理战场，战士们在密林中的石堆旁找到了郭滴海。只见他胳膊上、脸上都被树枝和乱石划开了很多条口子，鲜血直流。由于流血过多，加上劳累过度，他已经昏迷过去了。县苏维埃主席激动地把他抱在怀里，红军团长带来了军医为他包扎伤口。

郭滴海醒来后，看到首长和战士们微笑地看着他。

“敌人都消灭掉了吗？”

“消灭掉了！我们打了个大胜仗！你的功劳最大。”县苏维埃主席称赞道。

听到敌人被红军全歼的消息后，郭滴海高兴地笑了。

1941 年，震惊全国的皖南事变爆发了，国民党背信弃义，围攻共产党军队。在敌我力量悬殊的情况下，许多战士终因弹尽粮绝而牺牲了，郭滴海也英勇牺牲在战场上。

中华人民共和国成立后，开国上将张爱萍曾写文章称赞郭滴海是“侦察英雄”，其英雄事迹激励了一代又一代青少年。

抗日小英雄姜墨林

文/李燕洁

1931年九一八事变后，东北人民惨遭日军的蹂躏和奴役，生活十分悲惨。姜墨林是黑龙江省一户贫苦农民家庭的孩子，他自幼切身感受到国破家亡的痛苦滋味，心中埋下了对侵略者无比仇恨的种子，同时也产生了抗日复仇的愿望。

1932年，十一岁的姜墨林参加了儿童团。从此，他把抗日复仇的朴素愿望，变成了抗日救国的实际行动。在儿童团里面，姜墨林的年纪小，个子矮，可是工作起来却从不落后于别人。除了站岗放哨之外，他还利用唱歌跳舞等形式，向乡亲们宣传抗日救国的道理。有时候，他还深入日军占领区，为党组织传递消息。

由于他聪明伶俐、机智勇敢，很快便博得了乡亲和同志们的好评，他的名声也渐渐在家乡传扬开来。甚至连日军和汉奸也都知道了他的名字，到处搜捕他。

1934年春，中共宁安县委派人找到姜墨林，询问完他的工作情况后对他说："敌人现在四处抓捕你，以后你可要更加小心呢！"

"想要抓住我，可没那么容易！"姜墨林一笑，调皮地回答道。

县委的同志严肃地说："和敌人斗争，胆子当然要大，但是光靠这不行，还需要心细。组织派我来，是有别的任务要交给你。"

"我坚决服从组织的安排，还有啥任务？"姜墨林既兴奋又好奇地问道。

"抗日的道路还很长，组织上决定派你去参加绥宁反日同盟军，在部队里接受锻炼。"县委的同志交代道。

"保证完成任务，一定当个勇敢的抗日战士。"想到可以上战场杀敌了，姜墨林高兴极了。

姜墨林兴冲冲地来到部队报到。部队

的战士们看见来了一个小孩子，纷纷议论起来：“这个小孩子都没枪高，能打仗吗？”“是啊！小孩子来凑什么热闹呀？”有一位好心的老战士劝告他说：“你还是回去吧。打仗可不是闹着玩的！”

听了这些议论，姜墨林难过极了。但他什么话也没说，心里暗暗想：“我一定好好训练，英勇杀敌，不能让人看扁！”

此后每次训练，姜墨林都十分刻苦，很快就熟悉了各种武器的使用，射击成绩提高得很快。在军事训练之余，他还起早贪黑地学习文化知识，不到三个月，就认识了一千多个字。

这天，姜墨林跟随部队到镜泊湖北面的杨胖子沟执行任务，与日军交上了火。这是姜墨林第一次参加战斗，可他一点都不畏惧，像只小老虎，勇猛地冲向敌人最多的地方。

“砰”的一声枪响，姜墨林打响了第一枪，没想到一枪就击毙了一个日本兵。姜墨林高兴坏了，毫不畏惧地向一个挂着战刀的日本军官冲了过去。

等他冲到跟前，那个日本军官才看清迎面而来的小孩是个手持手榴弹的抗日战士。他刚想举枪还击的时候，姜墨林甩出的手榴弹就在他的头顶炸开了花。

战斗结束后，鉴于姜墨林的勇猛表现，大家开始对姜墨林刮目相看。

在部队召开的评功会上，战士们七嘴八舌地议论着。

这个说：“姜墨林个子小，胆子大！”

那个讲：“第一次战斗就如此出色，真是后生可畏！”

“有志不在年高啊！”

听了大家的表扬，姜墨林脸红红的，哪里像是战斗时那个让敌人魂飞魄散的小勇士呀！

此后，姜墨林又参加了多次战斗，每次他都展现出无比的机智和勇敢。在炮火的洗礼中，姜墨林逐渐成长为一名真正的红军战士了。

1935年初，由于姜墨林在战斗中表现突出，他成为一名光荣的中国共产主义青年团团员，并被调到二军四师四团的青年义勇军任小队长。

这一年，姜墨林只有十四岁。当他得知自己被任命为小队长时，既高兴又犹豫。高兴的是自己的表现被上级承认了，犹豫的是自己年纪尚小，考虑问题不周全，恐有负众望。

他找到大队指导员，忐忑不安地说道：“指导员，我不想当队长，还是让我当个兵吧。”

“为什么不想当队长呀？”指导员笑道。

“我……我担心自己没这个能力……”姜墨林吞吞吐吐地说。

“你的能力没问题，大家都很看重你。你是不是怕别人说你年纪小啊？”指导员好像看穿了姜墨林的心思。

姜墨林不好意思地点了点头。

指导员望着他，语重心长地说道：“队长不是看年龄大小，而是看能力大小。姜墨林，你现在是共青团员了，在困难面前只能前进，不能退缩，组织上给你重担，你就要勇敢地挑起来。如果有困难，你可以向上级反映，但是决不能没有自信。”

跟指导员谈心之后，姜墨林觉得心里踏实多了。

担任小队长后，姜墨林对自己的要

求更加严格了。训练的时候，他总是最刻苦的一个；打仗的时候，他总是冲锋在前。不仅如此，姜墨林还非常关心自己的队员，他用实际行动证明，他是一个称职的小队长。

1935 年底，日军集结重兵，向抗日联军发起了疯狂的“围剿”。

当时，敌强我弱，如果和敌人硬碰硬的话，势必要吃亏。为了粉碎敌人的进攻，扰乱敌人的视线，姜墨林所在的教导大队奉命突袭双河镇，他所在的青年义勇军小队，被选入突击队，担起摧毁东关敌军据点的重任。

姜墨林接受任务后，率队从宁安县（今宁安市）秘密营地出发，在冰雪覆盖的大山里行军两昼夜，于第三天拂晓前来到了双河镇。他们不顾长途行军的劳累，立即进入东关阵地。

这时天还没有亮，姜墨林抓紧时机，率领队员潜入敌人据点前的壕沟里。壕沟有三米多宽，里面有很厚的积雪。战士们悄悄地前进，逐渐接近沟边的铁丝网。正当姜墨林指挥战士们剪开铁丝网的时候，一颗照明弹突然飞上天空，壕沟里的战士们完全暴露在敌人的视线里。只见一颗又一颗照明弹飞上天空，紧接着从敌军据点里扫来一排排机枪子弹。

战士们处于敌军火力的威胁下，处境十分危险。怎么办？姜墨林当机立断，命令小队分成四组，从不同方向在松软的积雪里继续挖沟前进。当他们离据点只有十米的时候，姜墨林第一个从雪沟里跳出来，奋力扑向敌军据点。他灵活地躲过敌人的火力网，来到敌人的碉堡下，举起一捆手榴弹，拉燃导火索后，猛地投进敌人的机枪射孔里。

只听一声巨响，没等碉堡里面的敌人反应过来，手榴弹就把他们炸得血肉横飞了。

爆炸过后，姜墨林对着敌军据点大声喊道：“快投降吧！中国人不给日本鬼子卖命，把枪放下！”这句话果然奏效，据点里的伪军听到喊声，纷纷扔下枪逃出了据点。

后面的抗联部队趁机冲了上来，片刻之间就把据点里的三十多个日本兵消灭了。战斗结束的时候，天色已亮，这一仗一共消灭了一百多个敌人。

袭击双河镇后，抗联部队为避开敌人的援兵，迅速向山上转移。

天色已黑，经历了一场激烈战斗的战士们都已经疲惫不堪，许多人坐在雪地上休息，不知不觉就睡着了。一阵睡意向姜墨林袭来，不一会儿，他也和衣睡着了。

正当姜墨林睡得正香的时候，山下突然传来了一阵枪声，原来是敌人的骑兵队追过来了。姜墨林叫醒战士们，马上准备战斗。

等小分队的战士们刚刚埋伏好，敌人已经冲上山来。

只听姜墨林一声令下：“打！”顿时枪声大作，居高临下的战士们向冲上半山的敌人猛烈射击，敌人被打得人仰马翻，伤亡惨重。但是敌人并不放弃，仗着人多势众，一次次地向山上涌来，可又被小分队的战士们一次次地打退了。这场战斗进行了一夜，敌人的进攻被打退多次，最后不得不狼狈退走。

1937 年冬天，日方集中兵力向抗日联军发动进攻。在敌人重兵包围下，抗日联军的处境变得非常艰难，物资匮乏，缺吃少喝，许多战士病倒了，形势非常严峻。为了改善战士的穿衣吃饭问题，

指挥部派姜墨林率小分队筹集粮食、棉花和布匹。

姜墨林接受任务后，率领着一支精干的骑兵小分队出发了。为了早日完成任务，他们日夜兼程，没花几天时间，便来到了依兰县城附近。为了不暴露行踪，姜墨林让战士们就地隐蔽好，自己则化装成一个农民进城去。

姜墨林机警地躲过了敌人的搜查进入县城后，找到了地下党组织和当地的救国会，并将此行的目的告诉了他们。在他们的帮助和当地群众的支持下，几天时间就筹措了一百多匹棉布和上千斤棉花。一些老人妇女和儿童分多次将这些物资带出城外，交给在那里等候的小分队战士。一切准备好之后，姜墨林率领小分队将所有物资火速运向抗联营地。

小分队在返回营地途中，突然有一队日军骑兵从后面追了上来。

姜墨林冷静地命令道："运输队继续前进，骑兵随我断后。"接着，他有条不紊地指挥道："这里树林很多，正好可以打伏击战。同志们，先把战马藏好，然后在路边埋伏。"不一会儿，敌人骑兵队来了。

等敌人走近了，姜墨林果断地大喊一声："打！"敌人被打得措手不及，战马受惊，许多敌兵摔下马来，还没等他们爬起来便成了枪下之鬼。另一部分敌人赶紧下马还击，但是这时天色已晚，他们摸不清对方的实力，只好原地还击，不敢贸然进攻。战士们则利用有利地势，集中火力，打得敌人伤亡惨重，敌人只好停止追击，往后撤退。

打退敌人的追击后，姜墨林率领骑兵追上前面的运输队，连夜赶路，终于在第二天到达营地，顺利地完成了任务。

当这些物资运到营地时，战士们欢呼雀跃，因为他们又有粮食吃，又有棉衣穿了，战斗力大大增强了。

1940年秋天，姜墨林率领部队到绥芬河大青山一带开辟游击战场。行军途中，姜墨林得知镇南一个日军据点只有二十多个日本兵，敌人的大队人马还在很远的地方。

这是个好机会！姜墨林决定歼灭该据点。等天黑之后，他率领战士们向该据点摸了过去。这时夜深人静，敌人还在睡梦之中，姜墨林和战士们突然闯入，打了敌人一个措手不及，敌人还来不及拿起武器，就被全部歼灭了。这场战

斗打得非常漂亮，仅仅用了十几分钟的时间。

当敌人的主力部队得知镇南据点遭到突然袭击后，十分恼怒。他们派出大量部队，连夜追赶过来。

姜墨林发现后面有敌人的追兵，立即改变行军方向，向东南转移。当部队到达东宁县（今东宁市）西面的二十八道河时，突然与前面的一股敌人遭遇。这时，后面的追兵也到了，腹背受敌。姜墨林临危不乱，非常冷静地指挥战士们突围。

战斗打响了，由于敌我实力悬殊，姜墨林估计很难冲出敌人的包围，于是将文件烧毁，把电台砸碎，与敌人背水一战。他指挥战士们勇猛地反击，战斗进行得异常惨烈，敌人发起了一次次进攻，但都被打退了，只留下一具具尸体。姜墨林身边的战士们也一个个倒下了，最后只剩下他和另外三名战士了。

望着战友们的遗体，姜墨林双眼喷射出愤怒的火焰。他端起机枪，狠狠地向敌人扫射，撂倒了好几个日本兵，接着又扔过去一个个手榴弹，炸得敌人嗷嗷直叫。

敌人的冲锋又一次被打了下去。趁着敌人退下去的间隙，姜墨林向身边的战士命令道："你们三个人马上突围出去，这里交给我来掩护。"可是一个人怎么能够对付得了那么多的敌人呢？战士们都不肯丢下姜墨林，要求留在阵地。姜墨林见他们不肯走，大声吼道："必须服从命令！现在没时间了，你们快走，谁也不许留下！"他正说着，敌人又发起了冲锋。

突然，一颗子弹射中姜墨林的腿部，他猝然倒下，鲜血染红了身下的土地。他一面冷静地抄起机枪向敌人扫射，一面厉声喊道："你们快撤退！这是命令！"三名战士没有办法，只好眼含热泪，沿着一条水沟向外跑去。三名战士在突围途中，一人牺牲，另外两人冲出了敌人的包围，回到总部。

见战友成功突围，姜墨林心里再也没有任何负担。他手持机枪不停地向敌人扫射，敌人一片一片地倒在了他的枪口下，尸横遍野，血肉模糊。在敌人一轮又一轮的冲锋下，姜墨林的机枪子弹很快便打光了。敌人再一次冲了上来，而姜墨林已经走不动了。他把机枪扔到一边，从怀中掏出一把驳壳枪。此时他已将生死置之度外，能打死一个算一个，又有十几个敌人死在了他的枪口之下。敌人越来越近，而他枪里的子弹越来越少。枪膛里只剩下最后一颗子弹了！几个敌人趁机冲到了他的跟前，把他团团围住。姜墨林咬紧牙关，忍着剧痛从地上站起来，环视着周围的敌人。他想，宁死也不能让敌人抓住。只听一声大笑，接着一声枪响，姜墨林扣动扳机，把最后一颗子弹射进了自己的胸膛。就这样，姜墨林流尽了最后一滴血。

敌人没有想到，这位年轻的抗联英雄竟是如此顽强，又是如此勇敢。他们搜查姜墨林的衣袋，想从里面找到一些有用的文件或资料，却只找到了一张小纸条，上面写着："中国必兴，日寇必亡！中国共产党万岁！抗日救国胜利万岁！"

一无所获的敌人气疯了，他们残忍地将姜墨林的遗体抛进了二十八道河。抗日小英雄姜墨林与他热爱的祖国河山融在一起，永世长存！

激战除夕之夜

文/王 竞 勉 益

1944年春节前一天，北风呼呼直刮，天空阴云密布，眼看就要下雪了。江苏运盐河旁的南通唐闸镇，大街上空空荡荡，只有寒风追赶着几片碎枝枯叶。

那天上午，唐闸区武工队长刘强接到情报：唐闸日军警备队长横田决定在除夕晚上下乡“扫荡”，袭击我解放区

军民。中午又接到情报说横田亲自带人上街买酒买鱼肉，说是在除夕夜大摆筵席，宴请唐闸各界人士，伪警察局长也收到了日军的请帖。日军请客从来没有这样大张旗鼓，警备队长还亲自上街买菜……经过一番思索，刘强明白了日军的意图，马上召集武工队全体队员开会。他说，唐闸镇的日军企图在除夕之夜窜犯解放区，奸诈狡猾的横田现在布疑阵企图麻痹我们……话音刚落，情报员又送来绝密情报：“除夕夜鬼子将袭击我解放区，请客是横田要的花招，他要亲自率鬼子伪军下乡，并已指定小队长坂本率一个班鬼子留守。”

会后，刘强马上召集战斗小组开会，研究趁日军警备大队大部分兵力随横田下乡“扫荡”，留守据点的一个班日本兵又和坂本不住在一个大院的机会捕杀坂本。这个坂本，双手沾满了唐闸人民的鲜血，群众恨之入骨。仅一次下乡“扫荡”，他就强奸了三名妇女，强奸后两名妇女被他用指挥刀捅死，一名被狼狗咬死。经研究决定，行动时尽可能不打枪，不惊动炮楼上的日军，以免增加不必要的伤亡，同时还要破坏日军围墙上的电网，捕杀坂本的狼狗。战斗行动开始后，武工队员老金首先切断了日军大院围墙电网的电源。其时，在一盏小马灯昏黄的灯光下，坂本裹着一件军大衣坐在后楼底层正中一间办公室的大办公桌后面的安乐椅上。办公桌上，左边是警铃，右边是电话机。一条狼狗蹲在办公桌前。

午夜十二时整，战斗小组迅速翻墙进了日军警备队大院。武工队员大勇刚运动到大楼对面冬青树下，那只大狼狗就向他扑来。大勇忙用早已准备好的套狗圈迎头套去，但这条狗经过特种训练，只见它朝旁一闪，竖起前腿直扑大勇。大勇机灵地举起手中套狗的竹杠，向狼

狗猛劈过去，这一下正好打中狼狗头部要害。容不得这条恶犬挣扎，大勇捷步上前用铁钳似的双手，卡住狗脖子。这条凶恶的畜生，四脚乱蹬，哼了几声就死去了。

坂本听到狼狗嗥叫，忙持手枪走出门来。隐藏在门边的战斗小组组长江杰对准坂本拿枪的手腕，狠狠一脚踢去，坂本的手枪一下子就飞了出去。狡猾的坂本一蹲身，从江杰腋下穿了过去。他顾不得从地上拾起手枪，径直奔回办公室，想去按警铃，可早被埋伏在一边的武工队员堵在门外。坂本闪过一旁，拔出腰间短剑，向江杰后背刺去。江杰眼明手快，猛回身抓住坂本握剑的手腕，铁腕一转那短剑直刺坂本的咽喉。与此同时，武工队员用套狗圈套住坂本的脖子，顺势一拉，坂本像头死猪一样躺倒在地上。大勇拾起坂本的手枪，一枪结束了他的狗命。

战斗小组又迅速到日军军械仓库，收缴了一批三八式步枪和一挺轻机枪。一场激烈的搏斗，只用了十多分钟，就胜利结束了。

江杰战斗小组捕杀坂本后，飞快与武工队会合，支援武工队袭击下乡“扫荡”的日伪军。

回头说，除夕那天天一黑，日军警备队长横田就带队与一批伪军从唐闸镇下乡奔袭“扫荡”。

为了粉碎日军的“扫荡”，其时，原本宽阔的大路，早已被我民兵挖得东一坑，西一洼。日军的卡车停停开开，费了好大劲，眼看快到目的地了，尖兵报告：村子里一个人也没有。横田知道中了武工队“调虎离山”之计，决定部队回撤，四辆卡车掉转屁股，颠颠簸簸往回爬。

就在日军的第一辆卡车过一座木桥时，只听得“轰隆”一声，木桥炸断了，这辆卡车一头栽入河中，尾随的第二辆卡车一下子刹不住，也翻下河去。后面两辆车总算刹得快，没有翻下河，但好些日本兵被甩出车厢，跌得鼻青脸肿。正当日本兵跌得哇哇乱叫的时候，武工队员的一颗颗手榴弹炸开了花，紧接着是一阵密集的枪弹，直打得日军晕头转向。乱了一阵后，横田才强作镇定，把打乱了的日军组织起来，以车、河岸作掩体，进行顽抗，还边打边把部队分成两队，轮番掩护，涉水退到河西。日军刚退到河西，立足未稳，区武工队队长刘强带着队伍及时赶到了。河东有基干民兵，河西有刘强带领的武工队，两面夹击，直打得日军死的死、伤的伤。横田这个嚣张一时的家伙，丧家之犬般拼命向唐闸方向逃去。当横田走过一座小桥时，忽然村头有手电一闪，还隐隐约约听到说话声。他以为是部下来接应啦，便跳起身来高喊：“我是横田，横田队长在这里！”边说边向对方奔去。

“不许动！我们正等着你！”原来，这是战斗小组江杰他们穿着日军、伪警察的服装，正守候在这条路口等着他呢！横田这条垂死的恶狼知道情况不妙，双手举起指挥刀向江杰砍来。大勇忙用刚从坂本处缴获来的手枪抢先开了枪。横田腿部中枪，身子一趔趄，江杰就势一刀，这个双手沾满中国人民鲜血的强盗，终于得到了应有的惩罚……

此刻，东方露出一线微光，农历大年初一新的一天开始了。大地白雪皑皑，刘强和武工队员、基干民兵们押着俘虏，迎着初升的朝霞，心潮澎湃……

凤阳山的“老伙夫”

文 / 王文忠　图 / 李忠翔

这是敌人清剿凤阳山最残酷的时候，凤阳的原野上，硝烟弥漫，枪声不断，空气里溢散着一股呛人的血腥味。临淮关车站的墙壁上，张贴着悬赏捉拿孙传家和杀害共产党人的各种布告，布告上打着一个又一个红 ×，散发着恐怖气氛。布告下闪出一个衣衫褴褛的老人，头戴尖顶草帽，肩背破布口袋，很像是逃荒的河南老侉，神情凝重行色匆匆地向凤阳县城走去。凤阳城郊，野狗乱窜的刑场上，被活埋的游击队员尸体半露在草丛里，老人在尸体旁静默了一会儿，继续向前走去。殷家涧街头，悬挂着我方乡村干部被斩首示众的木笼子，老人在木笼下注目了一会儿，踏上了通往凤阳山腹地的小道。

老人的那尖顶草帽，在阳光下忽闪。草帽忽闪在村庄里，老人是乞丐，讨一点残羹，要一口剩饭，以驱饥饿；草帽忽闪在山沟里，老人是采药者，拽一把艾叶，采一把败毒草，装进肩头的破布口袋；草帽遇到了清剿的敌人，就忽闪进了高粱地里。敌人的枪弹打在他的草帽尖顶上，留下了永远的纪念。

草帽在崖洞野地度过了三十个漫漫长夜，草帽在牧人樵夫的路上走过了三十个风雨晴阴，草帽在沟壑丛林里闪过一回又一回，在凤阳山腹地的一座破庙里，被游击队的流动哨抓住了。游击队员暗中尾随他多日了，怀疑他是敌人的探子，在草帽里翻来覆去，寻找疑点。老人怀疑抓他的是伪装的土匪或敌人，咀嚼着他们每句话透露出来的信息。互相不明身份，双方僵持着试探着，老人的嘴紧闭着，用眼睛和耳朵寻找对方的蛛丝马迹。他被捆绑起来，吊在破庙的二梁上，一名游击队员出于对敌人的仇恨，拿起棍棒要打他，一名队员低低地制止道：“莫乱来，孙传家司令早有交代，不准虐待俘虏。”他听出了抓他的是孙传家游击队，历经沧桑的面颊上有了些舒展。游击队员将他放下来，假说要赶他走，看他如何动作，他像庙里的泥塑菩萨，端坐那里动也不动。游击队员要把他送给孙司令发落，他深沉的眼睛里闪过一丝亮光，背起破布口袋，戴上尖顶草帽，起身就走。

孙司令来了，老人开口说话了。

“我叫刘健挺，原是新四军五师的，现在是中原军区第一纵队二旅政委。中原突围时，为掩护主力顺利撤出和皮（定均）旅东进，我率一个团，牵制敌人。皮旅东进后，敌人三十万兵力清剿大别山，我的一个团被打散了，连警卫

员都壮烈牺牲。我单身一人从白色恐怖中闯出来，沿着皮旅的路线东行，一直找到定远炉桥，知道淮南已经失守。我先是流落在蚌埠街头，靠出苦力谋生，后来漂泊到临淮关车站，替上下火车的旅客背送货物和行李，挣钱糊口。我是看到敌人悬赏捉拿孙传家的布告，才知道凤阳山有游击队，便奔凤阳山来了。整整三十个白天黑夜，凤阳山凡有烟火人迹的地方，我都找过了，没找到你们。而今被你们抓来了，我总算找到了家，找到了组织，找到了自己的队伍。游击队现在困难重重，发给我一支枪吧，让我老兵归队，当一名战士去打敌人，为了明天而战斗……"

刘健挺倾心倾肺，讲得激动真诚，孙传家听得肝肠隐痛，心潮翻腾。在这黎明前的黑暗里，不时有意志薄弱者叛逃而去，难得这位老人冒着风险，踏着艰难而来。但让孙传家作难的是，非常时期，突然来到的这位旅政委，既无组织介绍，又无身份证明，留在游击队怎么安排呢？让他当领导吗？不行。让他当战士？也不合适。发给他枪吧，也有顾虑。无奈，只能让他暂且随队而行。

随队而行的刘健挺，作为共产党员，新四军战士，在任何情况下都有自己的信念与理想，都要尽自己的责任。当时的游击队，以班为伙食单位，各自派人采购粮食蔬菜，烧饭的事大家动手干。刘健挺看上了班里的那口行军锅。他想："管好了这口锅，也就等于手中握了杆枪。"一行军他的尖顶草帽下面就忽闪着那口行军锅，一宿营他就乐呵呵地忙着生火做饭，一开饭就让战士们舍不得放下筷子。饭后，他用空闲时间采摘山里红叶子泡茶，给战士们消除疲劳；用破口袋里装的那些中草药，给脚打泡受轻伤的战士擦洗伤口。谁思想有疙瘩，谁情绪低沉，晚间他就和谁结伴而眠，轻声慢语的大道理加小道理，掺和着体贴的家常话，帮着解疙瘩。因他待人和气，善解人意，到哪里都和老乡们混得很熟。游击队一进村，他的那尖顶草帽一忽闪，老乡们就提着菜，背着粮，来找"老伙夫"。"老伙夫"的称号自然而然的喊开了，连战士们也这样称呼他，他也很乐意。

旅政委和炊事员之间，相差多少等级呢？常人会这样寻思，但刘健挺的心里没有这个概念，他一心想的是打倒敌人，迎接解放。岁月在弹雨纷飞中到了

1947 年底，凤阳山游击队迎来了“老羊头”（杨效椿）的队伍，“老羊头”从山东带来了电台，游击队赶紧用电台和华中局联系，了解“老伙夫”的情况。由于新四军五师从中原突围后，去处分散，情况不明，华中局无法答复。

“老伙夫”诚厚智慧，肝胆照人，游击队里有口皆碑。但身份不明，难担重任，党组织焦急万分。“老羊头”当机立断，派六合工委游击队护送刘健挺重返大别山，寻找皖西党组织。当时皖东皖西都在白色恐怖笼罩之下，刘健挺此行，又是一番千难万险，他和游击队员们穿越数百里刀丛剑树，踏着烽火硝烟寻觅亲人，一次次跨过阴阳界，一回回闯过生死关，才在舒城晓天找到了皖西区党委书记彭涛，军区司令员曾绍山。

皖西区党委确认，刘健挺 1909 年出生于霍山县下符桥一个贫苦农民家庭。1928 年加入秘密农协，1931 年 6 月入党。1932 年 9 月参加中国工农红军，在红二十五军历任连指导员、副团长、师政治部主任等职。解放战争初期，刘健挺任中原军区第一纵队二旅旅长、政治委员。新四军五师从中原突围，皮定均率一旅向东突进，刘健挺率部在大别山中牵制敌人。10 月初，敌人纠集十万兵力，突袭鄂西北，鄂西北形势恶化。敌众我寡，刘健挺带一个连掩护，让其余部队脱离险境。掩护任务完成后，刘健挺身边仅剩四十余人。转战霍山烂泥坳，又被多股敌人合围，四十余人伤亡过半。无奈，他找当地党组织，安置好伤员，将身边仅有的数人转入地下，自己化装成商人昼伏夜行，出大别山东去。整整三个月在刀尖上度过，整整三个月跋涉前行，先到定远炉桥，再赴淮滨蚌埠，继之在临淮关落脚。但未找到党组织和新四军，他才奔上凤阳山，发生了文前所述的那一幕。皖西区党委将此情况迅速报告中原局，中原局电示立即恢复他的党籍。华中局随后任命他为江淮四分区（即津浦路西军分区）副政委。他虽然腰间佩戴了手枪，肩负着更重的担子，但依然戴着那尖顶草帽，依然认为管好行军锅如握着一支最好的枪，照旧背着它，照料战士们生活。此后，定远、全椒相继解放，他均兼任军管会主任。

“钟山风雨起苍黄，百万雄师过大江。”刘健挺和当年中原突围的主力部队会合，驰骋江南，直抵福建海滨。福建省军区组建后，他被任命为军区副政委，后又任安徽省军区副政治委员兼政治部主任。1955 年被授予少将军衔。

“老伙夫”戴着尖顶草帽，离开了淮南，他的故事却留在了凤阳山上。后来的刘健挺虽然位高职显，但本色不变，依然是当年的作风，无微不至地关心下属，从凤阳山上下来的老游击队员们和他相逢，仍亲切地叫他“老伙夫”。提起他，人们多有感慨。艰难岁月，需要这样的“老伙夫”；太平盛世同样需要这样的“老伙夫”啊！

活“烈士”童子南的传奇人生

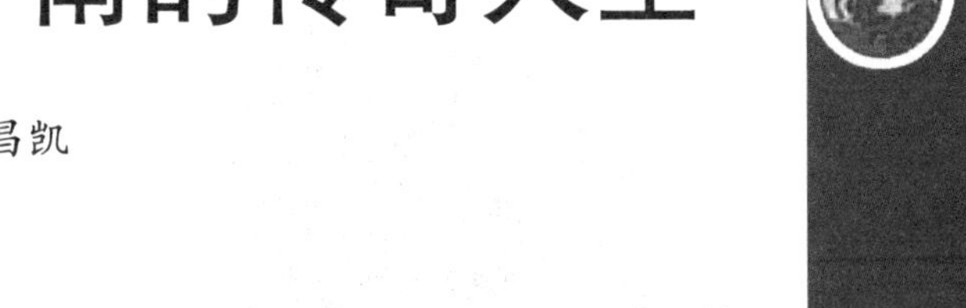

文 / 钟昌凯

童子南，一位董存瑞式的炸碉堡英雄；他又是一个地地道道的农民，因为他在一个小渔村默默无闻地生活了半个多世纪；他还是一位“烈士”，因为他的“遗像”挂在解放军驻晋某部的荣誉室数十年。

阳春三月，笔者慕名来到江苏省洪泽湖畔的泗洪县龙集镇田集村，探访这位传奇式人物——活“烈士”童子南。

八十六岁高龄的童子南老人虽然腿部受伤现在行走要人搀扶，但面色红润，精神矍铄。当他得知笔者的来意后，老人打开了记忆的“闸门”——

“我1940年参军以后，参加大小战斗上百次，先后十二次负伤，其中三次重伤，荣立过四次战功，其中一、二等战功各一次。1946年，在宿北战役中，我冲锋到一条巷子里与几个敌人相遇，拼起了刺刀。我接连刺死了四个敌人。在激战中，不知什么时候我的头部也被敌人刺中，鲜血直流，全身多处挂彩，但我毫无感觉。瞧！我的脑门上有寸把长的刀疤……”说到激动之处，老人仿佛又回到了战争年代。

在百余次战斗中，童子南老人唯独对在青阳（现泗洪县城所在地）战斗中自己舍身炸碉堡的壮举颇为自豪。“那是1948年3月，我淮北中心区大部分地区被解放了，唯有青阳镇还在国民党手中，他们负隅顽抗。3月18日，我所在的部队奉命攻打青阳镇。在团长叶道友的指挥下，战斗进行了一天一夜，青阳镇的守敌大部分被消灭，只有距青阳镇一千五百米的南小圩碉堡里的敌人拒不投降。南小圩南依汴河，深沟暗堡，易守难攻。19日凌晨，上级指示我所在的排不惜一切代价扫清障碍，尽最大努力减少总攻损失。凌晨5时，爆破组的同志在火力掩护下，抱着炸药包直奔敌人最后一个碉堡。战斗中，先后有四名战士牺牲了，眼看快到总攻时间了。这时，我着急地对排长刘振严说：‘排长，我是副班长，现在我上。如果我不能回来，请你为我写一封信寄到家里。’说完，我甩下棉衣，把已经点着火的香（点燃导火索用）往胳膊上一捆，手拿木杈，抱着十八公斤重的炸药包，在猛烈火力的掩护下，匍匐爬向敌人的碉堡。就在我接近敌碉堡时，右腿不幸被流弹击中，骨头被打断，顿时昏了过去。少顷，我醒了过来，强忍着疼痛，用左腿勾回被甩出去的木杈，艰难地把炸药包靠到了敌碉堡上。随着轰隆一声巨响，我就什么都不知道了……后来，部队在打扫战场时，没有发现我的遗体，战友们估计我爆破时已经牺牲。于是团长叶道友亲自为我主持隆重的追悼会，并向我的老家浙江嵊县（今嵊州市）寄去了烈士证，为我筑了坟墓。部队还把我的事迹写进了军史。其实，我当时没有死，是被巨大的气浪冲出去昏了过去，后被紧跟上来的支前民兵抬到洪泽湖边的田集医院抢救才得以生还。”

我参加了浙东抗日第一战

口述 / 满新月

在浙江省余姚市相公殿村向天庵原址（现属慈溪市）建有一座六角亭。亭内，立着一方刻有“三北敌后抗日第一战”九个大字的纪念碑。

这就是当年我党领导的淞沪游击队五支四大和宗德三大伏击日军、毙伤日本兵的地方，也是浙东举起敌后抗日第一面旗帜的地方。

1941 年 4 月，日军入侵浙东，人民处在水深火热之中。6 月，根据中央的部署，中共浦东工委决定组织力量开辟浙东根据地。我们打着国民党的番号——淞沪游击五支队第四大队，由大队长林有璋和支队教官蔡群帆率领。这支一百三十余人的队伍在上海南汇小洼港出海口，登上三只木帆船，南渡杭州湾，到浙东建立敌后抗日根据地。

6 月 16 日，部队在姚北新浦沿海边登陆。6 月 17 日，队伍在离相公殿八九里的宣家村过夜。18 日早上，部队出操演练，突然听到相公殿方向一声炮响，大家都清楚，这是日军掷弹筒的爆炸声。部队马上进行伪装隐蔽。林大队一面派出侦察员前去侦察，一面向从相公殿方向逃难过来的群众了解情况，其中一个叫胡金潭的人，为这次战斗帮了很大的忙。

胡金潭是许家村（相公殿以西三华里）许深洋先生家的长工（许原是余姚教育界有声望的老校长，沦陷后离职回家），今天一声炮响，许就叫胡把两个女儿送到中舍村亲戚家去避难。胡金潭听到我们要去打日军，他先是一愣，“真的打鬼子？”因他从未看见过真有打日军的部队。但他看到我们对抗日救国的满腔热情及坦率真诚的言行，才相信我们与“忠义救国军”（国民党顽固派）等部队不同，便高兴地答应送走许家女儿后，回来同我们去许家村一带了解情况。他回来后，带我们去许家村。林、蔡等领导先拜访了许先生。许听说是来打日军的，热情欢迎，并同意胡金潭和儿子许中惠同去相公殿察看动静。相公殿是个盐区小镇，也是崇三乡乡公所所在地。据许先生介绍，乡长陈庭辉是个正义爱国之士，又是许的好友，相信会得到他

的帮助。

这是我们部队南渡后的第一仗，战士们情绪高涨，擦枪的擦枪，磨刀的磨刀。林和蔡召开了少数同志参加的秘密会议（当时党组织不公开），接着各队、班战士个个写了决心书，不会写的就举手宣誓。随后宣布三条纪律：一、不准任何人暴露目标；二、一切行动听指挥，不准任何人提前开枪；三、不准任何人伤害民夫。

村里的老百姓，得知我们是打日军的，都纷纷出来帮助我们。有的帮我们在村口放哨，为防止走漏风声，村子内外的人，只准进，不准出；有的帮我们舂大麦、做饭、烧开水；有的群众送来炒熟的蚕豆。凡送来的东西，我们向他们申明部队纪律，一律退回。群众到处议论："今天第一次看到不要老百姓东西的部队。"

六塘，是日军返回庵东的必经之路。部队提前吃了中饭后，各就各位，进入高粱地、盐堆、棉花沟等埋伏点。五支四大守西边，从正侧面打日军头部，并防庵东方向敌人出援；宗德三大，因人少武器少，负责打日军尾部。两支部队，林有璋担任总指挥。许家门前的一株大树上设瞭望哨，唯一的一挺机枪架在许家东厢房叠起沙袋的屋脊上。机枪手是区队长翁阿坤，配两个副射手，我与另外两名战士担当压机枪子弹的任务。

中午，胡金潭、许中惠从相公殿侦察回来了，因有许先生与陈乡长的一层关系，情况摸得很清楚：共三十六个日军加一个翻译，两支小枪、三十三支长枪、一挺机枪、一个投弹筒。还获知：这批日本兵属日本大桥迤国部，下午3点准时回庵东。

我们打埋伏的人，觉得时间过得特别慢，眼看着太阳懒洋洋地老是在头顶上不动。3点钟，日军从相公殿街口出来，走到六塘上。只见翻译在前面，后面跟着六个日本兵，其中一个肩上扛着"膏药旗"，相隔百米左右。三十个日本兵走着两路纵队，最后面是十几个民夫，挑着酒和鸡。待日军的大部进入埋伏圈时，林总指挥扬手"呯"的一枪，霎时，埋伏的战士一齐猛烈开火。

日军遭到突然袭击，鬼哭狼嚎，马上乱了阵脚，只见倒的倒，滚的滚。但他们一清醒过来，立即以塘埂掩身，负隅顽抗，子弹打到我们架机枪的屋顶上，瓦片"乒乒乓乓"像爆花生米一样，乱蹦乱跳。一个掷弹筒炮弹飞来，许家屋旁的一间草舍被炸毁……

我们的机枪一阵猛射，两个副射手嘴里不时地在说："打中了！打中了！""倒下了！倒下了！""拖死尸了！拖死尸了！""再打！再打！"……我是个新入伍的兵，好奇心使我忘记了一切，伸头看打日军的热火场面，并且也喊："快打！快打！"幸被机枪手翁阿坤看到，他把我的头猛地按下，吼道："不要命啦！"我就继续压子弹，机枪叭叭叭叭地响个不停……

这次伏击战，我们打得非常成功，日军虽负隅顽抗，但仍逃不过溃败的命运。此战，我们取得毙伤敌十六人的战绩，而我方无一人伤亡。浙东敌后抗日首战告捷。"三北（镇北、慈北、姚北）来了一支真正敢打鬼子的部队。"一传十、十传百，很快传遍了整个浙东沦陷区，大长了人民抗日的志气。

51 号兵站的真实故事

文 / 薛杰堂　夏义军　梁吉安　杨九华

弶港，江苏省东台市的一座天然渔港，风光秀美，渔业发达，素有苏北“小香港”之称。当年，原苏中军区海防团就驻守在这里。在抗日战争和解放战争中，海防团所属的帆船从这里出发，南下上海吴淞口、浙江舟山，北上山东青岛、胶东，肩负使命，在遥遥水路上穿硝烟、越急流，在祖国的东疆海域闯出一条永垂史册的海上运输生命线。因此，弶港也由一座默默无名的小渔港成为著名的军运之港、传奇之港。电影和电视连续剧《51 号兵站》中，许多鲜为人知的真实故事就发生在这里。

海上劲旅

当时，苏中地区战略地位十分重要，是敌我必争之地。1941 年 7 月，日军出动了两个师团和伪军共五六万人，对我苏中、苏北地区进行大规模的“清乡”和“扫荡”，抢占重要城镇，建立据点，增设关卡，将我抗日根据地分割成许多小块。为了粉碎日伪军的疯狂进攻，摆脱背靠黄海作战的不利局面，1941 年 8 月，我苏中军区领导决定以当时拥有三百多艘海船的弶港为中心，建立一支海上部队——新四军苏中军区海防团。

当时，弶港有一支人数众多，由当地渔民组成的“海上渔民自卫队”，主要在海上对付外海域窜犯的海匪船只，保护当地出海渔船的生产安全。这支地方武装的掌控人就是出生在当地一个贫苦渔民家庭的孙二虎。孙二虎自幼跟随父辈搏击风浪，十七八岁就是当地小有名气的“海老大”，为人胆大，讲义气，有强烈的民族意识。为将这支地方武装收编为抗日武装，时任新四军三旅旅长、苏中四分区副司令员陶勇只身一人去孙部谈判。经过教育和帮助，孙二虎同意接受改编，跟着共产党抗日。这支地方武装成为组建苏中军区海防团的主要力量。

1942 年 11 月，苏中军区海防团成立。团部驻防在弶港以南二十公里处的何家灶，团长由陶勇兼任，编有三个海防连和机炮队、山炮连，人数八百多人，船只三十五艘。

海防团在党的领导下，在斗争中不断发展壮大。1943 年 11 月，海防团扩编为新四军苏中军区海防纵队，由陶勇兼任海防纵队司令，姬鹏飞兼任政委，孙二虎为副参谋长。1946 年 1 月，改编为华中军区海防总队，吴福海任司令员，孙二虎任参谋长。从 1942 年 11 月开始，到 1948 年底，海防团、海防纵队、海防总队参加了数十次海上战斗，并以运输民用物资作掩护，源源不断地为苏中根据地运输药品、炸药、汽油、枪支弹药、无缝钢管等重要的军需物品。

中央电视台《铁的新四军》摄制组曾专程赴东台市弶港镇，在拦潮大堤外侧的三里丫港湾，现场拍摄、采访了海防团老战士何玉发等讲述当年痛歼日军船艇，保卫海上交通运输线生动战例的场景。

上海市新四军暨华中抗日根据地历史研究会认为:“华中海防总队是人民海军成立的基础，是人民海军的前身。”

红色潮滩

东台沿海不但有“沙洲岛”“盐蒿滩”等罕见的自然美景，还拥有幽深的草滩、浓密的芦苇、交错的港口等天然隐蔽优势。1941 年 9 月，新四军一师在东台蹲门潮滩上组建起当时最大的野战医院，并与笆斗兵工厂、弶港印刷厂、被服厂以及海上“流动银行”，形成了根据地的后勤保障体系。

当时，在苏中各个战场负伤的新四军伤员，都被转移到蹲门野战医院进行

救治。由于敌人的封锁，野战医院救治药品紧缺，许多新四军战士因得不到及时施救而牺牲。现仍有二十三名无名烈士长眠在这长满红果盐蒿的潮滩，当地人都把这片潮滩称为“红色潮滩”。

眼看一名名烈士的鲜血洒在遍野盐蒿的潮滩上，新四军一师的首长们心情十分沉痛，坚定了建立海上运输线的决心。在建立海上运输线的初期，为了解决运输船只的问题，新四军一师师长粟裕同志派遣采购科长张渭清（电影《51号兵站》编剧之一）等人深入弶港开展统战工作。一天，张渭清来到船主顾雍海家，亲亲热热地跟他拉家常，讲述抗日救国的道理，希望他能为抗日救国尽一份力，帮助新四军搞运输。后来，顾雍海以做生意作掩护，常年往返于弶港至吕泗、上海、崇明、青岛、胶东等地之间，为新四军运送了大量军需物资器材。许多船主在顾雍海的影响下，纷纷摆脱旧船帮的控制，主动借船百余艘，南下北上，为新四军运送了一批批急需物资和伤病员，对粉碎敌人“围剿”和“扫荡”起到了重要作用。

为了便于采购物资，1945 年初，张渭清同志指派联络员王兴义和顾雍海同往上海，在吴淞同兴路租房开设了“同利渔行”，顾雍海出面当经理，名义上买卖鱼货，实际上是我党地下联络点和军需物资采购转运站（即影视剧《51 号兵站》主角的原型）。他们冒着风险，多次摆脱敌特跟踪、搜查，一次次把军需物品运往我苏中根据地。1946 年 7 月，“同利渔行”被国民党查封，顾雍海被敌港口司令部逮捕入狱。后经我地下党营救，才将顾雍海从国民党苏州监狱里解救出来。

智勇双全

“51 号兵站”在弶港的公开名称叫作“江海运输公司”，拥有“铁叉船”“顾家船”“周家船”“三合心”等十余艘专用运输船。这些木质帆船以装运出海渔船需要的麻丝、桐油、铁钉、石灰等民用物资作掩护，源源不断地为苏中根据地运输军粮、药品、炸药、汽油、枪支弹药、无缝钢管等重要的军需物品。1943 年冬天，“兵站”运送军粮的船队在上海崇明岛附近与日军舰船相遇，在这紧急关头，渔民崔广发舍生忘死，驾驶着自己的船只与敌舰船猛烈相撞沉海，为掩护船队安全返航而英勇牺牲。1944 年春的一个傍晚，“周家船”从启东港为新四军运输一批生活用品。当该船驶入东台海域蒋家沙海区时，遇上了一艘日军的巡逻艇。时任民兵中队长的船老大周海华和船上的民兵沉着应对，设计将敌艇上的五名日本兵诱上渔船并一个个推入大海。

当年为“51 号兵站”运送物资的谭学红、仲续华的后人谭正芳、仲统江忆谈起父辈的舍生忘死、铁心革命的传奇人生时充满自豪。如今已九十二岁高龄的老艄公吴善才回忆起那个难忘的岁月，仍然激动不已，一遍一遍地对我们说：“那个时候不容易啊！都是提着头干事情呀！”

难忘那段敌工岁月

文/朱　泽

我的家乡在江苏建湖（当年叫建阳）。1940年，我在新四军民运队的帮助下，组织了信义乡青救会并担任会长，从此便走上了革命的道路。1941年3月，我光荣地加入了中国共产党。之后不久，我就进入鲁迅艺术学院华中分院美术系学习。

1941年7月，日军第一次“扫荡”盐阜区，打破了盐阜区短期的稳定。在这次“扫荡”过程中，华中鲁艺是损失最为惨重的一个单位。1942年底，我被调到新四军敌工部举办的敌工训练班学习，之后被分配到建阳敌工部，主要从事用“打进去、拉出来”的方法策反敌伪军的工作。

一枪未发成功策反伪军一个连

1943年3月，县敌工部派我到东夏庄据点，通过伪区长树以和的关系，到伪十一区公所任户籍办事员，化名张光汉。当时东夏庄驻有正规伪军一个连、地方伪军一个大队和伪自卫队等近五百人。

我打入东夏庄据点之后，非常注意和伪军政人员“交朋友”，拜了十几个把兄弟。其中有一个把兄弟名叫吕森，他先是伪军中队长，后来被编入伪军连队担任排长。当时伪军连队的张连长经常欺压吕森带来的那个排，吕森恨死了张连长。这正是我的好机会！我决定抓住他们之间的矛盾，把吕森作为反正对象做工作。每当吕森外出受训时，我总会为他家买柴、米、油、盐、菜等，逐渐取得了吕森的信任。

有一天，张连长不在据点，吕森当值。他喊我去据点聊天。我觉得时机已经成熟，便在闲聊中动情地对吕森说："我要走了，离开你们了。"他问："为什么要走？到哪里去？"我试探性地亮了底："我是新四军派来的，现在领导要我回去。"吕森听后一点都不紧张，还流露出依依不舍的感情。我便说："今后你混不下去的话，欢迎你到我们那边去干。"几天后，在我的安排下，吕森又和敌工站长谭少卿见了面，接受了共产党新四军政策和抗日形势的教育。他果断地表示："回去做工作，组织反正。"

1943 年 12 月 27 日晚，我和谭少卿与十二名侦察员冒雨乘船前往东夏据点。吕森打开铁栅栏，我们迅速将张连长活捉，全连官兵放下武器，缴获长、短枪六十余支，轻机枪两挺，迫击炮一门。整个策反过程未发一枪，完全是以智取胜，被人们称为"无声的战斗"。从东夏据点拉出来的这个连（八十人左右），到根据地之后，被改编为新四军建阳游击大队，吕森任大队长，我任副指导员，恢复使用朱泽这个名字。

这次策反行动，不战而胜，不仅沉重地打击了日伪军，也造成了较大的政治影响。相隔不到一个月，驻湖垛据点的伪军祁和江连，在其机枪班长沈伯村内应下，被新四军端掉，活捉了作恶多端的汉奸祁和江。

六枪未中虎口脱险

1944 年 2 月，我回到了县敌工部，改以新四军的公开身份，负责湖垛据点的敌伪军工作，主要活动在湖垛东郊的万丰乡（今属近湖镇）。当时，我打算争取伪保长仇贵喜，便约他见面。谁知他竟然和伪乡长吴士章相勾结，合谋设下了杀害我的骗局。

1944 年 4 月的一天，仇贵喜约我在吴左庄北面李景生家的茅屋中谈话。正当我和仇贵喜坐在方桌两边面对面谈话时，他们的杀手钟小五子闯了进来，举着手枪对着我喝道："不许动！"仇贵喜"哧溜"一下钻进了东屋。面对黑洞洞的枪口，我意识到这是他们谋害新四军敌工干部的阴谋。情况万分危急，已经不允许我有思索的时间，杀手开枪了！

钟小五子对着我连开三枪，谁知他枪法不准，加之紧张心慌，三枪都打高了。我迅速掏出手枪，进行还击，一枪击中其腹部，杀手应声倒地。随后，我又打了一枪，趁机冲出门外，沿着水稻地边圩子路往东跑。这时，仇贵喜从躲藏的东屋跑了出来．责问持枪把门的葛长龙为什么不开枪，随手夺过步枪，对准跑出五十米开外的我的背后，连放三枪，可是一枪都没有打中。

枪声惊动了四邻。不远处，一个十岁左右的男孩扒着家门张望。我向他要了根筷子，捣出卡在枪膛内的子弹壳，又推了颗子弹上膛，从容地朝北面后方根据地走去。

事后，群众纷纷传说："朱泽中了六枪都没被打死！"

军民齐心营救美军飞行员

1944 年 8 月 20 日，支援中国抗日的美军出动了六十多架 B-29 远程轰炸机（当时人称"空中堡垒"），由大后方起飞去日本执行空袭任务。在空袭之后返航途中，其中一架轰炸机引擎发生故障，十二名机组人员分批跳伞，前两批因降落在黄海中和敌占区，均遭不幸。第三、四批跳伞的六名美军飞行员降落在当时

的建阳县境内，飞机则坠毁在建阳县湖桥乡金桥村的一块稻田里。

机长赛佛奥少校是最后一个跳伞的，他被风吹到周家舍（现县化肥厂附近）降落。民兵中队长刘江荣发现了他，当时他正忙着将降落伞收起来往草堆里藏。赛佛奥立即被送往新四军建阳敌工部。当时，我正在县敌工部做内勤。赛佛奥又瘦又高，金发碧眼，大鼻子，穿一身米黄色军服，腰间还挂着一支大手枪。因为我初中学过英语，便试着用英语和赛佛奥交流，但他仍然一直摇头。为打消他的顾虑，我拿出新四军臂章上的“N4A”标识给他看，并用英语表示“我们是新四军”，他立即露出信任的笑容。通过交谈，我知道了赛佛奥的身份，并逐一向上级汇报。第二天下午，我和另一名同志沿水路护送赛佛奥到了建县总队。

由于美军飞行员的降落地点及飞机坠落处离日伪军盘踞的县城湖垛镇很近，日伪军闻风而动，出动了一百多人，企图抢夺飞机及飞行员。我四百多名游击队员和民兵奋起还击，枪声、喊杀声震惊四野，日伪军死伤数十人，最后只得慌忙撤退。在这场战斗中，有四名游击队员英勇牺牲。

六名美军飞行员中，有五人被我方军民成功营救，另有一人误入日军手中，惨遭杀害。后来，游击队员将飞机上的枪炮全部拆卸下来，并用五头牛把飞机残骸拖到河边，装上船运走了。

这五名美军飞行员，由建阳总队送交新四军三师师部，时任三师副师长的张爱萍热情地款待了他们，并和他们合影留念。后来他们辗转数月回到了大本营——成都空军基地。抗战胜利后，他们都返回了美国。

1945 年 11 月，我参加了抗战中经历的最后一战——盐城战役。外攻内应相结合，促成了伪四军的起义。伪四军被改编为华中军区解放第四军。盐阜区和各县敌工部一批领导骨干变成该军的政工干部。至此，两级敌工部宣告结束，完成了历史使命。

这段对日伪军的敌工岁月，虽然前后只有三年的时间，但却让我毕生难忘。

夜袭日伪钓鱼庙据点

文 / 张松和

1943 年春，日军向苏中四分区进行“清剿”，新四军一师三旅七团转移到二分区兴化境内活动。当年我在兴化县（今兴化市）任三区区长兼区队长。

5 月 6 日，县政府召开区委书记会议，我和区委书记李健参加了会议。会议结束后，县委书记张雷平叫我俩留下。第二天，我和李健跟他一起去七团参加会议。七团团长严昌荣，政委彭德清，参谋长俞炳辉与会。这次会议拟定了拔除三区敌人据点钓鱼庙的计划，同时要求三区游击队和民兵，配合七团攻打钓鱼庙。会议结束后，我留下随七团部队出发，李健回去组织民兵和区游击队准备配合七团作战。

钓鱼庙位于兴化城东四十余里的海河北岸，筑有两丈高的土围墙，大小几十个碉堡，驻扎着伪二十二师八十五团的一个主力连，有一百四十余人。钓鱼庙周围还有敌人的黄庄、安丰、大邹镇等据点。这次战斗是虎口拔牙。

5 月 7 日晚，七团两个营分乘几十只木船，在夜色的掩护下，于深夜 23 时许到达南蒋庄。我三区区委书记李健和委员宗宇、万中原率领区游击队和民兵已先抵达南蒋庄守候待命。彭政委、俞参谋长和我们讨论了具体分工：由李健率领区游击队的一个排和民兵在俞参谋长的指挥下，在钓鱼庙西侧配合七团部队进攻敌人；我带领区游击队一个排在彭政委的指挥下，在钓鱼庙东侧向敌进攻，形成东西合击。

是夜，星光稀少，几十只船首尾相连，逶迤前行。为防止敌人听到划桨声，改用篙撑船。到了敌人据点一里许，船队全部靠岸登陆步行前进。

到达目的地以后，我部先派尖兵排埋伏在庙前，又派尖兵班向敌哨岗潜行。距离敌人三丈左右时，看到两个敌哨兵正在打盹，尖兵班匍匐前进，一举摸掉

了这两个哨兵。紧接着，我部以迅雷不及掩耳之势袭击庙前两侧的碉堡，将还在呼呼大睡的十几个敌兵全部俘虏。前大殿的敌人发觉有动静，慌忙向我军开火。庙前庙后的敌人听到枪声，一齐开火。我七团三连九班迅速用一排手榴弹向前大门甩去，并乘势冲入。残敌不支，退到前大殿顽抗。我七团三连一班长不幸中弹，我和战士抢上去把他背下来。

其时，由彭政委指挥的东侧我军，夺取了大门，转而进攻大殿。同时，由俞参谋长带领的庙西侧的一路，也贴近了敌人围墙。在我军东西两侧协同猛烈合击下，敌外围防御被我军迅速打垮了，但躲藏在工事里的敌人，还在负隅顽抗。在我军机枪、手榴弹的猛烈攻击下，敌人伤亡惨重。此时我军向敌人喊话：“新四军优待俘虏，投降不打，缴枪不杀！”在强大的政治攻势下，残余的敌人由伪连长张海青领头，纷纷走出工事，举手投降。这次战斗历时两个多小时，击毙敌军十三名，俘虏一百一十二名，击伤十二名，缴获机枪四挺、小炮三门、枪支九十余支。

东方发白，战斗结束。彭政委下令，趁士气正旺，向大邹镇进军。部队进入大邹镇时，该镇敌人早已闻风逃跑了。部队到达南庄后，周围群众坐着船，带着鱼肉、鸡蛋等食品慰问部队。他们称赞新四军英勇善战，并高呼共产党万岁！新四军万岁！

这次我区的武装和民兵配合主力作战，表现得英勇顽强，受到部队首长的表扬。

神兵天降

口述/陈大义　整理/陈美英

图/魏传义

1945年2月12日，我所在的新四军一师五十四团接到挺进江都的紧急命令。从我们当时的驻地淮安到江都，直线路程大约上百公里，行军时为了隐蔽、安全，必须绕道由偏僻的小路走，这样距离大大增加，但到达目的地的时间却有明确限定。

我们仔细算了一下，如果按照平时的行军速度，是断然完不成任务的，必须急行军。

于是，一声令下——轻装上阵！所有战士都把除了武器、弹药、粮食之外的一切物品，全部丢弃。连我们穿在身上的棉袄、棉裤以及晚上御寒用的棉被中的棉花，也全被掏得一干二净。

2月份还是冬季，北风像尖刀一样吹刮着我们的脸颊。当一路奔跑的时候，倒还不觉得太冷，可一旦停下来就冷得浑身颤抖、四肢抽筋。我们经受了严峻考验，终于完成了急行军任务，在规定时间之前，部队全部安全到达江都。

那天召开了全团大会，廖昌金团长在会上表扬了大家，说："你们是好样的！不愧是五十四团的战士！钢铁的团队，就有钢铁的战士；钢铁的战士，就应有钢铁的意志和钢铁的纪律！"

廖团长转过话题接着说："现在，我们的下一个任务，就是要渡过一条河，一条特别大的河！"当时，我们谁都不知道这条河叫什么名字，都在心里琢磨着，以为是江都城里或附近的一条什么河。可谁也没有想到，团长指的竟然是长江。

部队在2月24日到达江边。大家举目四望，只见汹涌的江水奔腾咆哮，发出阵阵哗哗的响声，一个浪接着一个浪冲到岸边，溅起了高高的水花。在新四军的队伍里，虽然大部分战士都懂一点水性，因为武装泅渡本来就是平时训练的内容之一，但要渡过这么宽阔的长江，而且是在寒冬时节，还要带着枪支弹药，这几乎是不可能办到的事情。

团领导要大家发动当地群众支援我军渡江。一听说是打日军，老百姓从心底里拥护我军，那些住在沿江的渔民们，纷纷主动把船借了出来。不过一天的时间，就征集到五十多艘渔船和一大群自愿前来掌舵的船老大。

当天晚上，我们找到了一处比较安全、也容易登船的浅滩。隔江远望，在江水中间有一个小岛，形状仿佛是一只趴着的乌龟，被叫作"乌龟山"。天黑以后，我们全团战士先后分乘五十多艘小船，缓缓地从"乌龟山"北侧离岸。

那天晚上的风好大好大，幸运的是吹着顺风，加上船老大们掌握风帆技巧娴熟，小船在江水里几乎跑得像飞艇一样奇快。“到了，到了”有人在轻轻地喊。南岸的景物已历历在目，可小船却因周边乱石嶙峋而无法靠上去。

怎么办？跳水登陆！一声命令，战士们顾不得冰凉彻骨的江水，一个个扑通、扑通地跳进水里，快步攀上了对岸。

2月25日清晨，全团一千六百余人安全抵达江南。接着我们又肩扛武器，继续朝着目的地——莫干山、天目山进军。

一路上我们穿铁路、爬陡坡、涉小河、过丛林，竟没有遇到任何敌人阻拦。2月26日，当大部队到达江苏溧阳张渚地界时，传来发现敌情的报告。上级随即下令停止前进。不一会，哨兵传来了更确切的消息，原来有一小队日本兵带着“和平军”，共两百余人，正沿着小路朝我们所在的方位走过来。

正是“踏破铁鞋无觅处，得来全不费工夫”，找也找不到的“猎物”，居然自动送上门来了。上级的命令迅速地以口头的方式向着队伍的后方逐一传去：就地隐蔽，做好准备，迎击敌人！

不久，敌人的脚步声渐近，甚至已能隐约听到说话的声音。看来敌人丝毫没有发现我们的踪迹，甚至根本没有意识到前面有等待着他们的陷阱。

当敌人进入我们射程的时候，团长说：“别着急，等他们钻得更深一点再动手！”我们静静地目视着日军、“和平军”从我们身边走了过去。就在这时候，团长突然一挥手，狠狠地说：“打！”顿时，四周枪声乒乒乓乓地响了起来。敌人蒙了，他们做梦也不会想到在他们的地盘里，我军竟然犹如“天兵天将”一般地突然出现在他们的眼前。

日军的第一个反应就是赶快后撤，谁知道后路早被我们堵死，往前冲，可前面我军却越聚越多。日军眼看走投无路，便用枪逼着“和平军”死命抵住。岂料这些“黄皮狼”大多是“拉壮丁”给拉来的，平时不过是仗着日军耀武扬威，一旦真要打起仗来，可就“屁滚尿流”了。

“和平军”们一个个连滚带爬，只顾四散逃命，将枪支弹药胡乱丢了一地，把日军气得嗷嗷叫。他们用机枪疯狂扫射，还举着军刀冲锋。这时候，我们的特色武器搬出来了，那就是“排弹”！何谓“排弹”？其实，就是手榴弹不是一个个地扔，而是一组组、一束束地在几乎相同的时间内，向着同一个目标投掷。一枚枚手榴弹不偏不倚地抛到了日军身边，“轰隆”“轰隆”连续不断地爆炸，把那些双手沾满中国人民鲜血的日军，一个个送上了西天，没被炸死的不是倒在地上呻吟，就是举着双手垂下了头。这一仗我们大获全胜，俘虏了数以百计的“和平军”与日本兵。

随后，我们扛着缴获来的武器，继续向着预定的目的地——莫干山、天目山进发。

记忆中的星光

文/向　桦

1948年11月24日我在中原野战军四纵十三旅三十七团三营的一个连队里，那天上午，国民党军主力第十二兵团司令黄维，在强渡浍河之后似乎发现了危险，立即又想撤到浍河以西。正在坚守南坪集的我军突然渡河西撤，假装着像是仓皇溃逃的样子。浮桥在河上剧烈地晃动，人喊马嘶。不时有一个想超过别人的战友坠入水中，在他被战友们拖上来的时候，水淋淋的棉袄很快就结冰了。

我们在河西进入阵地的时候，已是黄昏时分。饥肠辘辘的战友们立即开始挖掘掩体和壕沟。在挖掩体和壕沟的同时，我们班另有任务，在壕沟后面挖掘掩埋自己人的墓坑，虽然我们心里感到不是滋味，但这是每一次战斗之前必须做的工作。我在进行这项劳动的时候，很自然地会想：这个墓坑将会掩埋谁呢？每一个熟悉的面孔都从我眼前闪过，都是那样年轻，都是那样生机勃勃。哪个都不应该躺进这冰凉的冻土里。也许是我自己吧？想到这儿我情不自禁地打了一个寒战。夜晚除了散乱的曳光弹和信号弹在天空划过之外，枪声极少。到了第二天早上，黄维才清醒过来，意识到他的兵团已经陷入重围了。所有的现代化武器和辎重都变成了累赘。当他知道他派出的侦察兵触角所及纵横只有7.5公里的时候，他开始慌乱了！对于敌我双方来说，这一空间都是一个危险的极限。已经被捆住手脚的敌军如果突围失败，就是覆灭；而我们，面对的是一个庞大的困兽的挣扎，战斗会空前激烈。

果然，敌军的反扑在当天就开始了！白天，敌军以坦克、重炮为掩护，实行疯狂的突围。一个村庄都要经过反复的争夺，白天在敌人的手里，晚上我们又重新夺回来。在我们进入被占领的村庄的时候，必须从堆积得很高的尸体上翻越过去，那些奇形怪状的尸体都已经冻得像树根一样硬了。25日清晨，连部通信员小李跃出掩体去捡一挺轻机枪的时候，被敌人坦克上的机枪击中，我

才知道看似笨重的坦克不仅不迟钝，而且很灵敏。小李一头栽倒在地上，我的心像是被一团冰块击中了那样痛。今晚，我的被筒里只有我自己一个人了，从月初我军进逼徐州那天开始，他和我搭伙睡在一个被筒里，用他的被子当垫褥，我们相互用体温取暖。

26 日晚上我军反复浴血冲击，夺回一个被敌军占领的村庄之后，黎明时分我们连队被撤换下来了，兄弟部队接了我们的防。在阵地背后一个洼地里的小树林中集合的时候，连部只剩下一个副连长了。副连长把连队的名单交给我，让我来替他点名。昨晚出发的时候还是一百二十九人的连队，现在能够大声应答的剩下了二十五人，负了伤呻吟着应答的六人，他们都在担架上躺着，或是坐着。点完名以后，副连长的眼眶里盈满了泪水，他可能是怕哭出来，大喊了一声：“向右转！”接着却听不见脚步转动的声音。他惊讶地擦了擦自己的眼睛，再喊了一声，队列依然没有移动。副连长用沙哑的声音问：“怎么啦？你们的耳朵都被炮弹震聋了？点名的时候，你们不是都应了吗？”战士们不约而同地说：“我们不撤！”副连长简直不敢相信自己的耳朵：“什么？”回答他的仍然是：“我们不撤！”副连长说：“这是旅部的命令！”大家的回答还是：“我们不撤！”副连长问：“为什么？”所有的人都不回答，只有一个因为腿部受伤不得不坐在地上的伤员（我记得他是一个六〇炮炮手）含混地小声反问说：“为什么？你还不知道？”副连长火了：“三大纪律的第一条是什么？”接下来的是久久的沉默，连伤员也不敢说话了，但队伍仍然没有移动。副连长丢下队伍，一声不响地走了。我们在洼地里像冬日的小树林那样站着，一动也不动。

半个小时以后，副连长带着团长来了，团长胳膊上绑着绷带。团长在连队面前站定以后，仔仔细细地辨认着每一个战士的脸，然后喊了一声“向右转”！队伍唰的一声向右转了，连在担架上躺着和坐着的伤员都向右转了。当团长喊了“齐步走”的时候，却没有一个人移动脚步了。团长大声喊着：“怎么不走哇！”站在排头的一班长无论如何都憋不住了，他说：“团长！我们走不动啊！”“走不动？！”一班长哇的一声哭了：“团长！你也不看看，我们连有多少同志还留在阵地上！连长、指导员，文书、司号员、卫生员……一排长、二排长。三排长……我们能走得动吗？”团长和副连长紧紧地抿着嘴，默默地相互注视着。过了好一会儿，团长才又喊了一声妥协的口令：“向左转”！然后他和副连长把队伍丢下，肩并着肩走了。我们在洼地里像冬日的小树林那样站着，一动也不动。

又过了半个小时，副连长和团长带着旅政治部主任来了。旅政治部主任的肩膀上披着军大衣，他是个文雅的知识分子。他来了以后，没有喊口令，第一句话就是：“你们知道，为什么要你们往下撤吗？”连队全体大声回答说：“不知道！”旅政治部主任说：“要你们往下撤，是为了给你们休整、补充；休整、补充，是为了让你们很快再回到这个阵地上来！听明白了吗？”连队全体大声回答：“听明白了！”旅政治部主任接着喊出以下的口令：“把担架抬起来！向右转！齐步走！”连队虽然人数很少，步伐仍渐渐整齐。

我们撤到离阵地十五里之外的一个小村里。虽然这个村有一半的房子都被战火毁坏，我还是依稀能记得在合围之前我们连队来过这个小村。我们连在这儿停留的时间很短。在我们离开的前夜，我曾经看见村里一个小姑娘躲在墙角里等人，她并未发现我在站岗，因为我担任的是隐蔽哨。当一排长经过墙角的时候，那小姑娘往一排长手里塞了一双崭新的布鞋。我暗暗惊奇，她怎么这么快就能做好一双合脚的布鞋呢？他们相互注视的目光只是一闪而逝，我却看见了永远。26日夜晚，在一排长中弹倒地、我用急救包给他包扎伤口的时候，他向我指了指自己的脚，我注意到他的脚上穿着那双新布鞋。战争时期，战友们中间有一个默契，在冲锋之前，尽量穿上新衣裳、新鞋和新袜子。后来，一排长因为流血过多，去世了。这次回来，那个小姑娘几次微笑着想走近我，我都由于无法面对她那怀着美好希望的目光而闪开了。有一次我在破冰打水的时候，她把我堵在井沿儿上，问我："一排长咋没回来？"我没有撒谎，老老实实地对她说："一排长还在阵地上。""啊！"她竟然高兴得抿着嘴笑起来，咯咯地笑着从井边跑开。

12月13日我军向黄维困守在双堆集的总司令部发起总攻的时候，我们的连队经过补充和修整，又重新在原来的阵地上前进了两公里。15日夜，我们攻占了黄维龟缩在地下的指挥部。那天夜里火光冲天，枪声就像过年时的爆竹声。到处都是我军战士押解着敌军俘虏。我在繁星和照明弹的光亮下，又看见了那个小姑娘，她拦住所有她遇到的战士，在他们脸上辨认着。我当然知道，她是在寻找一排长。那天夜晚我胆怯了，面对敌人的炮口都没有躲开过，而我却故意躲开了她。在她把眼睛转向我的时候，我把棉帽的护耳放了下来，匆匆地转身消失在人海里。

1949年元旦，我们从积雪的战场上撤退，中原大地锣鼓喧天。许许多多的标语中，其中有一条让我难以控制地潸然泪下。那条标语就是："欢迎英雄归来！你们是人民的好儿子！"我当时情不自禁地喃喃自语说：那些最好的儿子都没能回来，他们留在淮海平原的冻土里了。

后来，经过渡江战役、广东战役、滇南战役……一直到1978年夏天，我又重新回到了过去的淮海战场，那里已是一望无际的金色麦地。在徐州淮海战役纪念馆里，我偶然发现展品中有一面很熟悉的锦旗，仔细一看，那正是当年我在淮海战场的阵地上手工制作的。自己的字迹使我异常震动！当晚在梦里我又看到了我的连队、我的连长、指导员、连部通信员、司号员、一排长和那位小姑娘，他们一下子又都来到我的记忆之中了，我立即在他们中间入列。连长的大嗓门儿还是那么响亮："立正！向右看齐！向前看！报数！""一、二、三、四、五、六……"一直数到一百二十九。报了数以后，指导员大声问我们："同志们！我们流血牺牲、前赴后继是为了什么？"这是每一次点名时他都要提醒全连的一个问题。

全连指战员立即信心百倍地回答说："建立一个民主新中国！"——喊声在星空中回响。这句话我们重复过几百遍，每一次都让我们振奋不已。

当我在六十年前的呐喊中猛醒的时候，顿时，汗流如洗……

常忆皖南军民鱼水情

文/左　英　图/崔开玺

1939年3月，作为上海地下党员和医务人员的我，因抗日战争需要赶赴安徽泾县云岭新四军军部参军。经过数月政训后，分配到新四军军医处前方医院工作。军医处和医院设在靠近军部的南堡村，那时的小河口还没有后方医院。

从1939年11月至12月底，日军数千骑步兵，分五次袭击泾县以北的繁昌城。我们三支队指战员，在谭震林司令员的指挥下，英勇奋战，在广大人民的协助下，粉碎了日军的五次“扫荡”，保卫了繁昌。战后，伤员较多，因此，我们前方医院就移驻肖家村，搭建了竹棚病室扩大收容。军医处和前方医院领导以及部分医护人员，借住在肖永年前辈家堂屋和前后厢房内，手术室和药房就设在谢金红、谢志英前辈的堂屋和庭院内。1940年4月开始，日军又多次向三里店一带“扫荡”，随即就发生了有名的叶挺军长亲自督战指挥的父子岭战斗、何家湾战斗。

伤员直接送下来，经处理后，轻伤、四肢伤等伤员只能散居在各家各户；头部，胸、腹部重伤者收入竹棚病室。肖村的群众，都让出了自己最好的住房，堂屋、厢房甚至刚结婚的新房。床铺全是用木板架设的，没有一张地铺。每天的清洁卫生，都是房东打扫。开饭时，各家房东帮助我们将饭、菜、汤分送到每个伤员床边，对上肢不能活动的伤员，则一口一口给他们喂饭喂汤，还帮助洗晒衣被、敷药等，甚至还要帮伤员解决大小便时的困难。他们把我们和伤病员视同家人，情真意切。

我管重病区，又兼管手术室，每次看到老乡颈上垂着甲状腺瘤（皖南水中缺碘引起的地方病）气喘吁吁抬着伤员来到面前，数九寒天，衣服盖在伤员身上，他们自己大汗淋漓，我心中的感激之情难以自制，暗暗发誓，一定要把日本侵略者赶出中国去，解救人民于深重的灾难之中。

1940年10月，上万日军即将直逼云岭“扫荡”。入夏，上级指令我们迁往王庄，医院设在一个大祠堂内。这次也是叶军长亲自指挥，历时七天的泾县保卫战，消灭敌人三千余人，粉碎了日军的“扫荡”。王庄的祠堂极大，手术室和病房全在祠堂内，我们医护人员散居民家，我借住在一个二进的深宅大院内的单间厢房，房内有雕花大床。房东是一对六十岁开外的老夫妻。有一夜我感冒发高烧，迷迷糊糊把蚊香挂在帐钩上，天明发现床棚的一角被烧焦了，我赶快出钱找人修补，再三向二老赔礼道歉。二老一句责备话也没有，反而安慰我，真使我无地自容，十分惭愧。现今二老虽然早已作古，但二老的友情却使我终生难忘。以后，我怕引起火灾，干脆睡在手术床上。

1940年底，蒋介石妄图消灭新四军，下令北撤。我们是后勤非战斗部门，12月20日我随军需处军法大队和戴济民所长带的医务所同志北撤时，几百人的队伍齐唱“别了，三年的皖南，目标扬之江头……”时，无一不显露了对泾县父老乡亲的眷恋、感激之情。

我们北撤不久，1941年1月4日，就发生了震惊中外的皖南事变。我有许多战友在此次事变中牺牲。皖南的青山绿水，安慰着他们的军魂。也有不少战友，得到了乡亲们的帮助突围而出，至今尚健在，乡亲们此情此意如何报答？

桥边的故事

文 / 沈忠海

1944年夏天的一天黄昏，天气酷热。家家户户都用门板搁在两张长凳上乘凉，我和小明跑到村西的河边上玩耍，数着天上的星星。小明是我放牛的小伙伴，和我同年都十四岁，长得和我一般高。

河边，传来村口小朋友们捉萤火虫唱出的儿歌：天上星星多 / 地下穷人多 / 捉了萤火虫 / 回家当灯火……

突然，远处传来急促的脚步声，黑暗里还忽闪着几点火光。我们隐蔽在路旁大树下。一会儿，隐隐约约走过来四个人，最前面的是个瘦子，头上戴顶金丝草编的草帽，穿着对襟白纺绸短衫，腰里还别着支手枪，厚嘴唇上叼着支香烟。这个人我认识，是伪乡长王兆福。第二个人，中等个儿，长得挺结实，满身是泥，穿着黑色的布褂，双手被反绑着，筷子粗的麻绳，从头颈直缚到腰间。他是指导员张英杰叔叔。后面紧跟着两个人，我也认识：一个是流氓金生，另一个是乡丁“白鼻子”。他们手里还提着“快慢机”，神气活现地走过去。

看到这情景，我暗暗心惊，张叔叔和爸爸所在的游击队常有联系。半个月前，我和小明放牛时在山下还见过张叔叔他们，他曾向我打听村里的情况，还给我们讲了抗日救国的道理。今天，他怎么会被“阎王乡长”逮住了呢？我拉着小明跟去看个究竟。为了不让阎王乡长他们发现，我们绕道走小河对岸的圩堤，和他们隔河平行，借着星星的光亮，盯着四条隐隐约约的影子，紧紧地跟着。我们人小步子小，要小跑步方能跟上，累得满头大汗。这样大约走了五里多路，见他们来到前岸桥边的一棵大树下停住了脚步。

我和小明急忙钻进河边桑树丛里，瞅他们要干什么。“就在这里吧，乡长，我来结果他！”乡丁“白鼻子”讨好地说。“别急。”阎王乡长不知道说了什么话，被张叔叔的怒骂打断了：“汉奸王兆福，我告诉你，日本鬼子快完蛋了，你们这帮狗奴才，同样也活不长……”“呆站着干什么，快把他绑在树上。”伪乡长气急败坏地下命令。三个坏蛋费劲地将张指导员紧紧绑在树干上。“还像前几天那样神气吗？张指导员！”伪乡长用充满杀机的、带着讽刺的口吻说。“张指导员”几个字发音特别怪，像哑公鸡叫。看样子张叔叔还想怒骂他们，可不知怎么发不出声来。但张叔叔还是猛地飞起一脚，踢在乡长的小肚子上，疼得他“哎呀”一声惨叫。伪乡长掏出手枪，向张叔叔晃了晃。可是，他不敢开枪，他知道，他干的是见不得人的勾当，怕枪响以后，惊动四周老百姓，更怕惊动附近的游击队。“下馄饨！”伪乡长忽然阴险地说：“来他个神不知鬼不觉！”“对！对！”两个狗腿子赞同这条毒计。

附近没有大石块，伪乡长令两个狗腿子到离桥约半里地的水闸口搬块大石头。

我和小明互相拉了拉手，点了点头。觉得这是搭救张叔叔的好机会，想乘乡长不注意的时候，游过河去，先夺下他的手枪，再打倒乡长，救下张叔叔。扑通一声，不知怎么，小明不小心将一大块泥弄入河中。“哪一个？”桥边伪乡长破锣似的嗓门，向这边狂吼。

扑棱、扑棱！差不多在同时，从芦苇丛中惊飞起两只野鸭。乡长不以为然地骂了一声。这时，我和小明趴在桑田里，心儿几乎要从喉咙里跳出来，要不是野鸭给我们解围，那就糟糕了！

远处，两个狗腿子发现乡长这边有动静，像两只狼狗似的飞奔过来。跑近一看，见没有情况发生，“白鼻子”报告说，“乡长，水闸口的石块，都是一二百斤的，两个人实在难搬！”“看看去！”乡长下命令。

于是，三个人叽里咕噜地向闸口方向走去。大概他们以为张英杰被绑得紧紧的，不会出事吧。我来不及和小明商量，就蹑手蹑脚地下了河，小明也紧紧跟上。

上了岸，我们三步并作两步走到了张叔叔身旁。张叔叔一见来了两个孩子，吃了一惊。小明凑近张叔叔低声说：“张叔叔，我们是前岸村的小林和小明。”奇怪，张叔叔怎么没有声响：仔细一瞧，啊，原来张叔叔的嘴巴被他们用破布塞住了。我立刻把它掏了出来。

糟糕，我俩身上什么也没带，那么粗的麻绳，怎么割断呢？小明急得直搓手。

还是张叔叔有办法，他轻声地嘱咐我们去拣河滩的三角石头来磨断麻绳。我们找来锋利的石块，用力地在绳子上磨着、割着，不一会儿，绳子终于被割断了！

松了绑的张叔叔领着我们悄悄游过了河，钻进了桑田。不一会，对岸伪乡长他们破锣似的号叫声响起来：“站住！站住！”号叫声划破了宁静的夜空。紧接着，响起了枪声。张叔叔拉着我们的手，微笑着说：“小林、小明，敌人在放鞭炮欢送呢！”

对岸枪声密集，噼啪，噼啪，但是，他们找不到目标。我们知道，汉奸走狗正在发疯！

不到半年，张叔叔领导的队伍与我爸爸带领的游击队密切配合，一举歼灭了镇上的日本警备队。汉奸乡长王兆福、流氓金生、乡丁“白鼻子”全部被活捉，部队开了个群众大会，把这些罪大恶极、欠下血债的汉奸走狗交给人民公审之后，就地依法处决了。

是人民，给了我两次生命

口述/宋亚欣　文/胡根喜

第一次负伤：半边山战斗中，脚跟被打掉一块肉

1945年的10月，根据“重庆谈判”协议，中国共产党从大局考虑，我苏南新四军的主力、地方部队和党政机关全部撤往长江以北，只留下少数人员组成武工队处理善后工作。这时，宋亚欣（时任区委副书记）接到上级命令，兼任农委主任、句容县武工队党支部书记兼指导员。

这是一段艰难的岁月。茅山地区距离南京很近，又是新四军东进后开辟的第一个根据地，这就成了国民党的眼中钉、肉中刺。他们迫不及待地要拔掉这颗“钉子”。国民党首都卫戍区司令顾祝同和江苏省政府主席兼保安司令王懋功，先后下了十多道命令，要“限期肃清残匪，保障首都治安”。他们先后抽调了“五大王牌军”中的新六军和有着“王牌中的王牌”的七十四军（后整编为七十四师），以及三战区第四十九军、二十一军、青年军、内警纵队，加上国民党专区、县保安团和区、乡自卫队，一起向我根据地扑来。敌军所到之处，张贴告示，要我党员、干部、留守战士到指定地点办“自首手续”，同时还到处抓捕我党、政、军人员。国民党大兵压境，残酷“清剿”，我溧水武工队队长、区长陈华平在战斗中不幸被抓，遭杀害。江宁武工队也只能流散在外围活动。

在严酷的形势下，有些没有随主力北撤而失散了的战士，产生了动摇，回乡隐蔽了起来；有的老百姓对新四军究竟还能不能再打回来，也产生了怀疑。为了稳定人心，打开坚持敌后武装斗争的局面，宋亚欣时常冒着被国民党军抓捕的危险，趁夜间摸黑进村子，向老百姓宣传我军主动“北撤”的战略意义，向他们表达我军迟早是要打回来的决心；一家一家、一个一个地去寻找那

些离开队伍的干部、战士，说服他们重新归队加入“武工队”，坚持敌后斗争。此外，他还要去找那些社会上的上层分子谈心，争取他们采取中立；有时，他还得出其不意地闯进一些伪乡保长的家里，找他们谈话，让他们认清形势，不要和共产党作对，保护“抗属”。有时，他刚与人谈话就接到报警暗号，只得匆促撤离。一天夜里，宋亚欣去茅山东麓的“半边山”宿营做群众工作。没想到，他的行踪被一个顽固不化的伪保长察觉，当即向国民党驻军七十四军告密。凌晨时分，敌军派出一支部队包围了上来。宋亚欣等人凭着老式枪支与全副美式装备的敌兵展开了激战，边打边向后山撤退。忽然，一颗飞来的流弹击中了宋亚欣的脚，打飞了鞋子，也削去了他脚跟上的一块肉。光着脚的宋亚欣忍痛在布满荆棘的山路上飞奔，顾不得棘刺扎进脚底板。眼看一群敌兵就要追赶上来了，这时山道上突然蹿出一个人，一把将他拉到山上一个烧木炭的窑洞里藏了起来。原来这是正在山上砍柴的当地农民郑先友。在躲过敌兵的搜捕后，那位农民又偷偷地摸进窑洞，给他送来了冷饭团，让他充饥。当天夜里，那位农民巧妙地躲过了敌人的监视，领着他的父亲推着一辆小车把宋亚欣接下了山，藏到了家里，还用盐水给他的伤口消毒，又细心地一根一根地为他拔除了刺进脚底板肉里的几十根棘刺。接着，那位农民又为他包扎好伤口，还给他找了双鞋穿上。这一切，让宋亚欣感动不已。他在心里告诫自己：这辈子，我都要记住老百姓和我党我军的鱼水情。为了不连累那位农民兄弟，第二天夜里，宋亚欣就告别了那位救命恩人，拄着拐棍去找队伍。

第二次负伤：子弹从大腿正面穿过，留下了前后两个伤疤

1947年，解放区战场我军取得节节胜利，刘邓大军挺进大别山。国民党军为防止我解放大军渡江南下，加紧了对我江南敌后游击队的进攻。1947年10月，国民党新七师和省、县保安团发动对我活动在宜兴、溧阳、广德边境地区游击部队的“清剿”。由于战斗的激烈和敌人的残暴，杨金荣等几名武工队员动摇逃跑。当时，宋亚欣担任宜、溧、广三区工委书记和武工队负责人，他带领几名队员去寻找他们，想说服他们归队。途中他们与敌“清剿”部队遭遇，在混战中，杨金荣开枪打穿了宋亚欣的左腿，顿时血流如注。宋亚欣在一名武工队员的搀扶下，拖着受伤的大腿，走了十多里路，来到溧阳戴埠镇附近的关家棚。关国臣老大爷不顾危险将他藏在家里。为了止住流血，关大爷在家里找了两块银洋（据说，银可以防感染）一前一后盖住伤口，又用布扎紧。在关家住了几天后，在地下党的帮助下，宋亚欣被转移到离溧阳城七八里的一个叫党仁圩的村子里，隐藏疗伤。他住在农民管洪元的家里，并请村子里一位老中医给他治疗。这位老医生看了他的伤口后，说：幸好子弹是从大腿动脉血管边穿过，不然的话，早就没救了。老中医用盐水给他洗伤口，又敷上草药。管洪元一家生活困难，但自己却省吃俭用，日夜照料宋亚欣，还冒着生命危险到县城去帮忙买药。就这样，宋亚欣在管洪元家里疗养了一个多月，伤口渐渐地愈合了。至今宋亚欣的大腿前后还留着两个铜钱大的伤疤。宋亚欣常常动情地说：“幸亏有这些老百姓的帮助，否则的话，就没有我的今天。”

我的山东“妈妈”

文 / 汪志荣

沂蒙山区，山路崎岖，土地贫瘠，人民群众生活十分艰苦，但他们对于人民解放军的无私支援，使我们终生难忘。

1946 年秋冬，我们在鲁南进行的三次防御阻击战中，曾几次在范村的农家住宿。每次到范村，就直奔村中心的李大娘家。李大娘是军属，两个儿子均随部队走了。由于战乱，儿媳都回娘家去了，家中只有大娘一人。我们到她家后，大娘像欢迎亲人一样款待我们。我科的工作室机密要求高，每到一地，都得用被子把住处与办公室隔离开来。一次，李大娘要我们住到她儿媳妇的房间里去。这是一间新婚的用房，房里还摆设着结婚时的家具和用品。我们科长认为不妥，婉言谢绝。可大娘一定叫我们住进去，并将她自己的被子拿了出来，一再说，如果我们不住进去，就是看不起她、不信任她。我们对她怎么解释都无用，最后只好“客随主便”，搬了进去。第一次只住了几天，部队就离开了。过了不久，我们又辗转来到范村，仍住在李大娘家。在此之前，范村曾受到敌人的骚扰，大娘在“跑反”中脚踝受伤未愈，躺在炕上，一见到我们，随即起身，跷着脚把房间腾给我们。她又忙着生火烧水，洗涤锅盆，督促我们洗脸洗脚，替我们烘烤被雨雪打湿的衣被。看到她脚踝伤未愈，走路蹒跚，我们实在过意不去，要她休息，我们自己干，可她就是不同意。她说：“遭殃军（国民党中央军）来了几天，你们看，把我们范村糟蹋得成了什么样子！他们什么都抢，鸡鸭猪狗杀光了，粮食抢光了……你们来了，我有多高兴，为自己的部队做些事，是我的光荣。只怪我年龄大了，不能为你们多做些事。我的两个儿子在咱们部队里，他们在别处同样也会受到大娘们的照应。我为你们做些事，是应该做的……”她的一片热爱人民子弟兵的心意，使我们

感动不已。有一天，我因受寒发高烧，昏迷中说胡话，这下大娘可发急了，里里外外为我忙碌着。次日，我病稍愈，大娘不顾自己的脚伤，跑遍全村找寻来几只鸡蛋（村里的鸡已给“遭殃军”抢光了），为我煮了鸡蛋面条，又一勺一勺喂给我吃。我吃着吃着，热泪不由自主地淌下来了。她以为我身上不舒服，安慰着说，“孩子，不要难过。为了咱们不再受苦难，你远离家乡，天下穷人是一家，这里就是你的家，你就把我当成你的娘吧。”听了这话，我心潮翻腾。我十二岁死了母亲，今天在异乡遇到这么可敬的母亲，怎不使我激动，不由地紧紧拉住了她的手，发自内心地喊出了一声“妈妈”。李大娘高兴得直点头。李大娘，她就是我山东的“娘”。

鲁南战役大捷后，部队休整了几天。因驻地离范村不远，我与通信员一起，行程十余里，去探望我的山东“妈妈”。可惜，未曾见到她。据村里人说，她已离开范村去外地了。由于此后部队作战转移未再去过范村，也就没有机会再次见到她。在这几十年里，经多次打听，总是杳无音信。虽然再未见到过这位山东“妈妈”，但她那慈祥、可亲的面容却时刻在我的脑海中萦回。

周婉云舍身保护游击队员

文/傅乐耘

1948年10月，正值解放战争节节胜利之际，国民党军垂死挣扎，在诸暨、东阳、嵊县三县边界处，驻扎着大批部队。他们穷凶极恶地屠杀共产党员、游击队员和革命干部群众，直至挨家挨户地搜查游击队员，企图把会稽山下的游击队武装一网打尽。在中共会稽县工委的领导下，我游击队主力兵分三路，冲出包围圈，只留下少数武工队员坚持斗争。当年11月22日，在敌占区坚持战斗的我小东区武工队员十五人，在指导员丁柏威与姚队长带领下，当晚到古有贤村（现改为东和村）宿营。深夜12时左右，武工队员和伤病员悄悄进入该村，并分成三个小组，每组五人，分别到杨绍康、王松良、杨羊法三户贫苦农民家里住宿。

杨绍康的妻子，名叫周婉云，是个贫农女儿，热爱共产党。那天武工队员进家门，她很高兴，马上要去烧茶煮饭。武工队领导告诉她，战士们昨夜没有睡好觉，需要好好休息，再说半夜三更烧水煮饭也容易暴露目标。她马上与丈夫杨绍康商量，决定腾出自己楼上的内房，给同志们休息安睡，自己和丈夫带着不满一岁的孩子下楼，在地上铺草席而眠。第二天一早，周婉云与丈夫收拾好被褥，烤了几张很香的六谷饼，又烧了一锅咸菜六谷糊，正想招呼战士们吃早饭时，外面响起一阵吆喝声。原来，一股国民党六十二旅的部队进了村。

周婉云听到村里鸡飞狗叫，知道国民党又来抢劫民财和搜查共产党游击队了。她当机立断，迅速把孩子交给丈夫杨绍康，催他赶快躲避。她正想上楼向游击队员报告时，一群国民党匪兵已冲进她家，并用刺刀对准她的胸口，要她讲出共产党游击队藏在哪里。为了保护游击队员的生命安全，周婉云把个人安危置之度外。她机智地与这伙匪兵周旋，说："我什么也没看见，我家也没有游击队。"十多个国民党匪兵不相信，他们气势汹汹地要强行上楼搜查。周婉云急步来到楼梯口，拦住欲上楼的匪兵大喊："女人房间男人不准去（实际上是暗号，催游击队员和伤病员赶快离开），否则我就要喊人了！"匪兵凶相毕露，大声叫嚣："你想找死！"这时候，周婉云奋不顾身地张开双臂，拦住国民党匪兵上楼的脚步。匪兵把刺刀抵住周婉云的胸膛，逼迫周婉云退至最后三阶楼梯。周婉云继续大喊："不准你们到女人房间去！"匪兵继续强行上楼，并用刺刀划破了周婉云的衣服。在最后一阶楼梯上，周婉云与匪兵纠缠了不少时间。躲在楼上的五名游击队员和伤病员看情况紧急，在向匪兵抛出一颗手榴弹的同时，跳窗下楼突出重围。这时，匪兵穷凶极恶地把刺刀捅进了周婉云的胸膛，周婉云顿时鲜血喷射，壮烈牺牲。周婉云是个普通农村妇女，为了保护游击队员献出了宝贵的生命，流尽了自己最后一滴血。

一双布鞋的往事

文 / 毕国华

我每当穿布鞋时，总会想起一件难忘的往事。记得那是1948年的冬天，淮海战场正战火纷飞。我由军工厂调到华东军事政治大学胶东分校学习。分校与胶东军区机关都驻守在五莲县大马格庄。战士和学员们有空就帮助驻地老百姓担水、打扫庭院、干农活。我当时虽然年龄还小，个子也不高，但也积极地参加了上述活动。

一天早晨，地面上积了一尺多深的雪，天空还飘着鹅毛大雪，我挑着一百多斤重的水送往军属王秀兰大娘家。王大娘赶紧从屋里走出来迎着我："孩子，一大早天这么冷，还给大娘担水！"大娘说话时，两眼久久地打量着我潮湿的棉裤和露脚趾的双脚。"孩子你进屋来暖暖身子吧。"我说："不了，您家水缸还没满哩。"说完之后，我又担起水桶去井边打水。第二担水挑回之后，只见大娘手里拿着一双半旧的猪皮底布鞋，身上落满了雪花，站在院子里等着我。

大娘抢着帮我把水倒进水缸，眼含泪花心疼地对我说："孩子，你把脚上的鞋子脱下来让大娘给你补补，这双鞋是我儿子穿过的，我儿子和你一样都是当八路军的，前些日子打潍县时光荣了……"我迟疑了一下，这是烈士的珍贵遗物，我怎么能轻易接受呢？大娘以为我嫌脏，返身又进屋拿了一双新布底鞋塞进我的手里。我一看，鞋底上纳着"革命到底"四个字。

我无法拒绝大娘的心意，怀着沉重的心情拿着两双鞋回到连队。收大娘布鞋的事，被班长孙宽增知道了，在当天晚上的班务会上，他要我对照"三大纪律八项注意"进行检讨，同志们也对我进行了批评帮助。

第二天早晨，孙班长陪我一道到王大娘家赔礼道歉，要送还那两双布鞋。可是王大娘怎么也不肯收回，并责备班长说："你们这个部队怎么这样不讲道理，听说你们为这事还批评了这个小同志？"眼看布鞋退不回去，我伸手从口袋里掏出仅

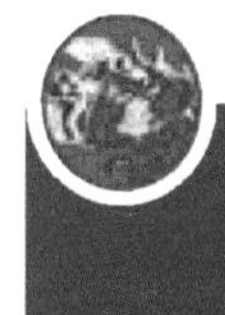

有的四百元（相当于现四元人民币）津贴费要给大娘。大娘一下子火了：“你这四百元就能买到大娘的心意吗？大娘是叫你穿上我儿子留下的鞋，替他去打国民党军，去解放全中国，去完成他‘革命到底’的遗愿！”说着说着，大娘流下了伤心的眼泪。面对这样一位革命的大娘，班长和我被感动得说不出话来。

后来，我穿着“革命到底”的布鞋走进了济南华东军政大学总校。而王大娘送给我他儿子穿过的那双猪皮底布鞋，我一直背在身上从未穿过。

1955年春节，我请假回老家探亲，特意绕道去五莲县大马格庄，想把那双猪皮底布鞋送还给王大娘。另外我在南京买了一双小脚女鞋准备送给大娘，却得知王大娘已经离开了人世。悲痛之中，我只好把烈士的遗物交给了当地政府，把那双小脚女鞋在大娘的坟前烧给了大娘，以告慰大娘在天之灵：大娘啊，我来看您了！我没有辜负您老人家的殷切期望，完成了烈士的遗愿。但“革命尚未到底”，我一定继续努力。

随军旋转逐西东

文 / 陈学桂　图 / 魏楚予

1948 年 11 月，华东野战军与中原野战军配合，准备发起淮海战役。为了保证淮海战役大兵团连续作战的及时后勤供应，华东局成立了华东支前委员会，动员集中民工六十多万人，建立了以淮海战场为中心的庞大的供应运输线，设立了许多民工站，筹集了大批粮食，并且将一亿八千多斤粮食运到战区附近。

当时，我担任苏北成集区区长，遵照华东局全力支前的指示，我们成集区委、区政府，进行了全面的大规模的动员组织工作，决心“人人动手，个个支前”“解放军打到哪里，就支援到哪里”“前方需要什么，我们就送什么”。为了适应战争情况和任务多变的特点，我们实行了常备民工、二线民工和三线临时民工相结合的完整体制，组织了拥有五百多辆独轮车、一千多人的骨干队伍，随时准备随部队行动。

1948 年 11 月 6 日，淮海战役正式打响，担任歼击黄百韬兵团任务的解放军，疾速向新安镇及其两侧地区前进，将其合围于碾庄地区。我带领民工近千人，紧随解放军前进。有时到前线抢运伤员，有时把炮弹送往前线，有时负责大批粮食运输。早在抗日战争开始时，我们成集区就是淮海抗日根据地的核心区，被抗日军民誉为“苏北小延安”，久经考验的成集人民，革命觉悟和斗争热情都比较高。这一点在“支前”工作中得到了充分的体现和发扬。我带领的五百辆独轮车的车队一接到任务，无论是白天还是夜晚，立即出发，枪林弹雨敢冒，冰河冻水敢蹚，不完成任务决不返回。因为多次出色完成任务，部队首长表扬说：“‘小延安’的民工就是不一样！”

1948 年冬，淮海战役第一阶段围歼黄百韬兵团的战斗胜利结束，我带领民工刚刚返回成集，又接到一项特殊任务：中原野战军于 11 月 25 日将黄维兵团包围于安徽双堆集地区，即将发起总攻，前线急需大米。陈毅司令员从苏中地区调集大米一万两千斤，由分区运到我们六分区成集街，再由成集区组织民工直送蚌埠前线。分区首长严肃地交代说：“五百多华里一星期赶到，考验你们的时候到啦！”时间紧，任务重，我们挑选一百辆独轮车，每车两个人推一百二十斤大米，连夜向蚌埠进发。

我们以每天八十多华里的速度前进。每天天没亮就得起身，太阳一露头就要上路。开始两天天气好，中午道路化冻泥泞不堪，民工们一身泥浆一身汗，咬紧牙关使劲往前推。第三天天气陡变，寒风劲吹，为了赶路，我们越过了领中饭粮的民工站，而到达前方睢宁民工站还有三十多华里，大家肚子饿得咕咕叫，实在难熬，就停下来喝一肚子冰冷的河水继续赶路。

睢宁当时是一个中心民工站，淮海六分区后勤司令部就设在这里。我们到达后，后勤司令陈亚昌的秘书陈浩然热情接待了我们，说：“可把你们盼来了！前线首长多次打电话来问呢！你们好好休息一夜，明天继续前进。”一夜北风，第二天下起了漫天大雪，军情如火，我们推起小车继续赶路。密匝匝的雪粒砂子般打在脸上，地上冻得硬邦邦的，一滑一跤。民工们顶风冒雪，坚持推车前进。又走了一天多，来到一座山脚下，好几路支前队伍在这里会合。再往前是一个岔路口，一条路沿山脚走，像弓背；一条路直插向前，似弓弦。上级要求我们沿山脚走，几个民工贪近，硬推起车子走弓弦，喊也喊不住。我急了，跑着赶到前头，硬把成集区的人拦了回来。谁知走到一半，敌机突然来袭，我们很快隐蔽到山脚下。走弓弦的车队无处隐蔽，遭到轰炸，造成了人员伤亡。经过六天的艰苦跋涉，我们终于赶到了蚌埠前线。领导验收后，说：“情况紧急，请你们再把大米分头送到前沿连队。”我们二话没说，又十人一组把大米分头送到前沿。到前沿后才知道，围歼黄维兵团的总攻即将开始，这批大米一方面是供总攻部队食用，另一方面是用于瓦解敌人。被围之敌饥寒交迫，绝望已极，就在我们到达几天前的一个夜晚，敌人的一个连长带着几个人爬过来吃大米饭，吃过后就带着全连反正过来。

完成送粮任务后，六分区后勤司令陈亚昌，首先对我们按时把一万两千斤大米送到前线进行表扬，并发给“支前模范”锦旗，然后要我把民工交给别人带回去，自己乘火车到徐州，再搭便车赶回成集接受新任务。

我赶回成集才知道，上级领导决定：我们六分区支援江南，组织各级干部随解放军南下。成集区派去十二人，由我带队。由此，我来到了我的第二故乡无锡。

淮海战役已经过去六十年了，但我带领民工参加淮海战役的情景仍历历在目。陈毅同志用“随军旋转逐西东”来描摹当时成千上万的民工支援前线的宏伟场景，我觉得是再恰当不过了。

我送大军过长江

文/于春水　图/沈尧伊

马毛姐的名字是与六十一年前那场震撼世界的“打过长江去，解放全中国”的伟大渡江战役连在一起的。她是渡江战役中最年轻的女孩，被评为渡江英雄、支前模范，受到毛主席、周总理接见。她的事迹曾家喻户晓，影响了几代人。如今马毛姐还好吗？我作为马毛姐半个多世纪前的小学同学，带着崇敬和思念之情采访了她。老大姐在我眼前的印象是，昔日飒爽英姿的小英雄，如今已是年逾古稀的老妪，但她的性格未变，依然快人快语，一如当年同窗时那样朴实无华，热忱爽朗，亲切可人。

马毛姐，1935年生，家住安徽无为县（今无为市）马西村，离长江仅五六里之遥。1949年春节前夕，她的家乡一带住了许多准备渡江的解放军。部队纪律严明，经常帮老百姓做事，军民关系融洽，亲如家人。年仅十四岁的马毛姐，十分热爱解放军，指战员也都很喜欢这位纯朴热情、干事麻利的小姑娘。

过了春节，部队要征用民船，准备渡江，马毛姐家首先拿出自家船只供部队使用。同时，她还积极参加了动员征

船工作，在她的带动下，很快就有两百多艘船报名送大军渡江。

民船集中后，指战员和船工在一个叫凤凰颈的内河训练，船工教解放军游泳、划船。而解放军除对船工进行爱国主义教育，还传授战斗技能，教他们打枪、甩手榴弹、演练假设敌攻击及包扎伤口、急救伤员等卫生知识。每天训练的时间很长，工作量大，但大家的情绪高昂，不怕苦不怕累。经过一个多月的严格训练，军民进步很快，指战员掌握了驾船和游泳本领，为胜利渡江做好了准备。

4月20日，下午4点来钟，根据部队通知，在内河训练的军民一起把船运到长江边，指战员和船工都进行了渡江誓师动员，人人憋足了劲，摩拳擦掌，等待上级命令上船出发。

当晚江边停了数不清的船。可运送解放军突击队员的船只有四艘，马毛姐和哥哥马胜红的船是其中之一。天很黑了，大约9点钟，解放军奉命上船，马毛姐忙着拢船、搭跳，部队首长见了问马毛姐：“你这位小姑娘在这干什么？”马毛姐答：“送你们过江嘛！”“在大江中打仗，小孩怎么行！到了江心哭起来就麻烦了，岂不误了大事！”部队首长说。可马毛姐坚决要送大军过江。首长着急地说：“你要不走，我们就换船！”没奈何，马毛姐被哥哥拉下船。她站在水边，靠着船沿，急得直掉泪，眼巴巴地望着解放军一个个雄赳赳、气昂昂地上了船。当数到三十人，部队命令开船。只见马毛姐哥哥用力点篙，就在船即将离岸、船尾甩到靠近岸边的一刹那，马毛姐趁着夜幕和解放军眼睛紧盯前方之机，轻轻一纵身，悄悄跳上船尾，迅速

躲进后舱，不敢露面。待船进入激流，需要用人时，马毛姐突然出现在船尾，抢过双桨奋勇划船。说时迟，那时快，冲在最前面的突击船在敌人探照灯、照明弹的强光下已被发现，双方激烈交火，霎时江面枪炮声大作，弹片如雨，天空都映红了。这时她只顾使劲划船摇橹，毫不畏惧，心想一定要早点把大军送过江。指战员看了都很佩服。正当船如飞箭，迅猛向前时，突然一颗子弹打中了马毛姐的右肘，鲜血直流，好在未伤筋骨，她赶忙自救包扎，忍着伤痛继续划船。经过激烈战斗，马毛姐兄妹的船第一个靠上了南岸——铜陵金家渡。可是垂死挣扎的敌军从碉堡里吐出一排排罪恶的火舌，妄图阻挡我军前进，熟悉南岸地形的马毛姐迅速带着解放军登岸后，立即返回船上，在江中她又救起了几名落水的战士。当晚他们这条船就不停地来回接送渡江大军。以后的七天七夜，她都忙着运军队、运物资装备过江，直到渡江战役胜利结束。战后，这位机智勇敢，不怕流血牺牲的十四岁渔家姑娘，被评为渡江英雄、支前模范。

图书在版编目（CIP）数据

红色记忆 / 海南省文化交流促进会编 . — 海口：南海出版公司，2010.11（2025.1 重印）
ISBN 978-7-5442-5015-3

Ⅰ . ①红… Ⅱ . ①海… Ⅲ . ①革命故事—作品集—中国—当代 Ⅳ . ① D642-49

中国版本图书馆 CIP 数据核字（2010）第 213290 号

HONGSE JIYI
红色记忆

作　　者　海南省文化交流促进会
总 策 划　刘　栋
顾　　问　贾延岩
执行总编　任在齐　张　桐　张爱国
责任编辑　聂　敏
责任校对　刘世财
文字录入　张　良
封面设计　郑广明
制作印务　曾科文
出版发行　南海出版公司　电话：（0898）66568511
社　　址　海南省海口市海秀中路 51 号星华大厦五楼　邮编：570206
电子信箱　nhpublishing@163.com
经　　销　新华书店
印　　刷　天津睿意佳彩印刷有限公司
开　　本　787 毫米 ×1092 毫米　1/16
印　　张　6.5
字　　数　100 千字
版　　次　2010 年 11 月第 1 版　2025 年 1 月第 2 次印刷
书　　号　ISBN 978-7-5442-5015-3
定　　价　39.80 元